I0540608

Michel Robillard

Une révolution à achever

Des valeurs pour le couple et la famille

© 2010 Michel Robillard
Les éditions et publications Cœur-à-cœur. Tous droits réservés

À moins d'avis contraire, les citations bibliques sont extraites
de *La Bible du Semeur 2000*.

Graphisme de la couverture : Mathieu Godbout, *Comma Imagination*
Illustration : Michèle Charron ; photographie : Antoine Roberge
Montage : *Pictogram*

Imprimé au Canada

Dépôt légal – Bibliothèque nationale du Québec, 2010
Dépôt légal – Bibliothèque nationale du Canada, 2010
ISBN (version imprimée) : 978-2-9811011-0-5
ISBN (version en ligne) : 978-2-9811011-1-2

Si, du milieu de toi,
tu supprimes le joug de l'oppression, [...]
tu seras appelé : « réparateur des brèches »,
et « celui qui restaure les demeures en ruine ».

La Bible, Ésaïe 58.9,12

Introduction

La révolution sexuelle est née au début du siècle dernier et s'est étendue progressivement à l'ensemble de l'Occident. Certains historiens affirment que la critique marxienne de la famille et du mariage monogamique est à son origine. D'autres estiment que la révolution sexuelle a surgi en réaction à une société occidentale hypocrite et pudibonde. Par exemple, l'anglo-saxon Henry Havelock Ellis, qui est souvent consi-déré comme le père de la révolution sexuelle[1], a publié en 1898 une véritable encyclopédie intitulée *Studies in the Psychology of Sex*. Dans cet ouvrage, il critique le mariage, se prononce en faveur de la cohabitation prématrimoniale, de l'union libre, de l'accès facile au divorce, de l'adultère et de l'homosexualité. Il pense que la prostitution va diminuer si on applique ces règles. Le principe directeur d'Ellis est la recherche du plaisir, qui devient désormais une fin en elle-même. Trente ans plus tard, à Copenhague, il fonde avec l'aide du médecin Magnus Hirschfeld la *Ligue mondiale pour la réforme sexuelle*. Cette association se bat pour l'égalité sociale et juridique des sexes, le droit à la contraception et à l'éducation sexuelle.

De 1920 à 1930, le processus de libéralisation des mœurs s'accé-lère. Cependant, cette première grande percée de la révolution sexuelle n'est pas déclenchée seulement par l'arrivée des nouvelles théories sur la sexualité. En effet, la moitié des Américains vivent maintenant dans les grandes villes. Les conditions de travail sont moins pénibles qu'elles ne l'étaient un siècle plus tôt. La structure familiale n'est plus refermée sur elle-même. Les hommes et les femmes se côtoient au travail. Les petits appartements urbains ne permettent plus aux familles d'aménager un parloir, lieu de rencontre traditionnel des amoureux. La vie nocturne s'organise et fournit de nouveaux endroits où les couples peuvent se fréquenter dorénavant loin de l'œil observateur des parents ou d'un chaperon. D'ailleurs, selon l'historien Kevin White, c'est à cette époque que naît le phénomène des fréquentations[2]. Enfin, l'arrivée du téléphone et de l'automobile permettent aux jeunes gens de trouver des lieux d'intimité jusque-là inaccessibles. Tous ces facteurs provoquent donc un changement d'attitude généralisé.

Interrompue par les deux guerres mondiales, la libéralisation des mœurs sexuelles reprend de plus belle au début des années 1960, période où elle atteint le Québec. Dès son arrivée, elle modifie le comportement des Québécois en profondeur et entraîne plusieurs transformations, dont certaines sont très positives. Ainsi elle fait éclater le carcan dans lequel notre société est emprisonnée depuis plusieurs décennies. Elle nous permet, entre autres, de mettre en lumière des pratiques cachées comme l'inceste répandu dans plusieurs familles et l'activité sexuelle illicite de membres du clergé catholique, deux symptômes d'une sexualité mal apprise et mal gérée.

Toutefois, le bouleversement social que provoque la révolution sexuelle n'a pas que des conséquences heureuses. Par exemple, la normalisation des relations sexuelles précoces et l'accroissement du nombre de partenaires sexuels au cours d'une vie occasionnent l'augmentation des infections transmissibles sexuellement (ITS)[a]. C'est pourquoi, avec l'arrivée du sida en 1981, les services de santé et les services sociaux réagissent aux nouvelles normes sociales en proposant le condom afin de protéger ce sexe en ébullition. Malheureusement, leurs nombreux efforts n'empêcheront pas les indices sanitaires de se détériorer.

Diverses raisons expliquent l'échec des mesures proposées par les responsables de la santé publique. La principale est certainement le fait

---

a. Il s'agit du terme utilisé maintenant par les professionnels de la santé pour désigner les maladies transmissibles sexuellement (MTS).

que ces derniers ne modifient pas la nature de leur approche et qu'ils répètent les mêmes gestes, obtenant ainsi toujours le même résultat. L'atmosphère d'euphorie qui régnait au début de la révolution sexuelle et qui a été si propice à la création de nombreux mythes a donc fait place à la morosité. En effet, beaucoup de personnes émettent depuis une quinzaine d'années des commentaires fatalistes, déclarant, par exemple, que les souffrances qui découlent de cette révolution sont le prix à payer pour jouir de ce que plusieurs croient être la liberté.

C'est dans ce contexte et face à un constat d'échec que certains intervenants suggèrent à présent de transformer la nature même de l'approche qui consiste à vouloir protéger que le corps. Pour obtenir des résultats différents, ils affirment que ce sont les valeurs proposées par la révolution sexuelle qui doivent être repensées.

Si la réflexion sur la santé des individus évolue depuis plusieurs années, l'analyse des effets de la libéralisation des mœurs sur le tissu social est, quant à elle, plus récente. Divers phénomènes contribuent à cette démarche, notamment la publication de recherches sur les conséquences du divorce sur les enfants et les parents, ainsi que des études établissant un lien entre l'éclatement de la famille et certains problèmes comme le suicide ou le décrochage scolaire. Des réflexions sur l'impact socio-économique de la dénatalité, sur la guerre des sexes et sur la redéfinition du mariage pour y inclure les couples homosexuels contribuent aussi à l'actuelle remise en question des valeurs liées au couple et à la famille. Enfin, la montée indubitable d'un sexe de consommation à saveur pornographique amène à réfléchir au véritable sens de la rencontre sexuelle.

Des intervenants aimeraient donc réformer le cadre normatif de la sexualité. D'ailleurs, au Québec, l'enseignement de la sexualité est présentement réévalué. Les sexologues voudraient que les éducateurs délaissent une approche centrée sur la physiologie et la santé physique et qu'ils revalorisent l'aspect relationnel de la sexualité. De plus, un mouvement hoministe émerge et cherche à redéfinir l'identité masculine, qui a été ébranlée par la révolution féministe, à repenser certains aspects des relations hommes-femmes et à trouver des solutions aux problèmes engendrés par une séparation ou un divorce, comme la garde des enfants. Il devient de plus en plus évident qu'une véritable discussion sur nos valeurs sociales est amorcée. C'est à cette entreprise ambitieuse que constitue la réforme des valeurs entourant la sexualité que le présent livre est consacré.

Dans un ouvrage précédent[b], je pose douze questions aux adolescents et aux jeunes adultes soucieux d'évaluer les conséquences des relations sexuelles en dehors du mariage. J'observe les limites de l'approche du « sexe protégé » en m'appuyant sur plusieurs études scientifiques et des histoires vécues. Je définis la chasteté comme un style de vie axé sur la santé sexuelle et consistant à se marier vierge et à demeurer fidèle à son ou à sa partenaire par la suite. Je présente la chasteté comme une option intelligente, agréable et réalisable. Enfin, je propose des exercices d'évaluation.

Mon approche est différente maintenant, car je fournis dans le présent livre des éléments qui alimenteront la réflexion sur l'éthique de la sexualité. Je m'attarde donc moins ici sur les aspects concrets de la chasteté pour définir davantage les principes qui sous-tendent sa pratique. J'expose les valeurs susceptibles d'orienter l'érotisme et de guérir les blessures qui ont été causées dans les périodes qui ont précédé et suivi la révolution sexuelle. Je démolis quelques concepts erronés et construis sur des fondements rafraîchis. Et parce que je crois qu'il est temps que les nations qui ont goûté à la révolution sexuelle accèdent à la maturité en amour, je propose divers thèmes qui permettront de découvrir le sens de la sexualité autant dans ses aspects physiques, émotionnels que spirituels.

Est-il étonnant qu'une réflexion sur la sexualité aborde des thèmes spirituels ? Certainement pas ! En effet, au cours de l'Histoire, la spiritualité a fait partie de toute réflexion sur la sexualité. À vrai dire, ces deux composantes de l'être humain sont des jumelles inséparables. Mais de quelle spiritualité allons-nous parler dans le monde pluraliste et matérialiste d'aujourd'hui ? J'ai circonscrit mon propos autour du christianisme

---

b. *Douze questions à se poser avant de faire l'amour*, Longueuil, Éditions Ministères Multilingues, 2003, 255 p.

afin d'étudier diverses critiques qu'il s'est attirées de la part des pionniers de la révolution sexuelle. Également, cette religion a façonné la pensée occidentale; elle a aussi inspiré la vie de mes ancêtres et ma propre foi.

La chasteté est un art de vivre la sexualité, qui cherche à allier le plaisir à la vertu. Cette sagesse a une composante universelle, ancrée dans une morale naturelle nécessaire à la survie de l'espèce humaine. De bon droit, elle adresse à tous son message de fidélité et de maîtrise des pulsions sexuelles. Cependant, pour certaines personnes, la chasteté comprend aussi une dimension spirituelle. Ainsi, pour le croyant qui cherche à plaire à Dieu par amour pour lui, la réflexion entourant la sexualité n'est pas arbitraire. Elle se fonde sur la révélation des Saintes Écritures, source de la vérité. Les aspects naturels et spirituels de la chasteté s'enchevêtrent. Aussi arrive-t-il que certains disent, à tort, que la chasteté ne devrait intéresser que les personnes religieuses. Pourtant, un examen le moindrement attentif de l'Histoire démontre le souci constant de toutes les sociétés à l'égard du vécu sexuel des individus la constituant, souci qui prend la forme d'un discours articulé autour d'interdits. En somme, la sexualité ne peut pas échapper à une loi morale, qu'elle soit associée ou non à un système religieux.

Ce livre, même dans sa dimension spirituelle, s'adresse donc à tous. En effet, d'une part, j'y présente des arguments qui relèvent de l'observation commune. D'autre part, en y exposant la logique du christianisme, je permets au lecteur de comprendre sur quelles bases repose la morale sexuelle occidentale et quelles ont été les erreurs de parcours des dirigeants religieux. Enfin, tout au long de mon analyse, j'invite mon lecteur à se poser des questions essentielles sur le sens de sa sexualité et de sa vie.

L'idée de repenser l'approche actuelle dans le domaine de la sexualité gagne du terrain. Toutefois, nous devons éviter d'élaborer trop rapidement des solutions de rechange et devons prendre quelques précautions si nous voulons réussir la réforme de l'éthique de la sexualité. Je crois que nous devons d'abord accepter de comprendre la situation difficile dans laquelle la révolution sexuelle nous a placés. Puis, nous devons passer au crible les préceptes de cette révolution. Nous devons de plus prendre garde, au cours de l'exercice, de proposer un nouveau programme de santé mécaniste ou de construire une autre théorie mal fondée du comportement sexuel.

Nous devons aussi saisir que cette réflexion n'entraînera jamais un retour en arrière. Si nous devons faire une incursion dans l'Histoire, ce sera uniquement dans notre esprit, pour mieux comprendre la situation actuelle et permettre à notre mémoire de guérir des blessures causées par la répression sexuelle que nous avons subie au cours des décennies précédentes. Car ce sont ces blessures qui font de nous des êtres si rebelles à l'idée de gérer notre sexualité avec sagesse. Nous devons ensuite établir et enseigner les fondements d'une sexualité saine en tirant les meilleurs éléments de la pensée traditionnelle, d'une part, et de l'approche progressiste, d'autre part. Par exemple, si le point de vue traditionnel met en valeur l'intimité, la fidélité et l'engagement, la démarche progressiste permet, quant à elle, d'accueillir le plaisir, de dénoncer l'hypocrisie et de communiquer les attentes personnelles.

De plus, je pense que nous devons éviter une approche moralisatrice qui ne laisse aucune place à la compassion. Nous devons user de respect dans tout discours porteur d'une nouvelle norme. La vie de couple, par exemple, est exposée à beaucoup d'embûches, et plusieurs échecs conjugaux sont inévitables. Le combat et la souffrance font partie du réel tout autant que le plaisir. Je serais donc très peiné si des personnes qui ont vécu un divorce se sentaient jugées lorsque j'évalue les conséquences des ruptures ou que je décris les avantages de la fidélité. C'est aussi au nom de ce même respect que je suis attristé lorsque des auteurs se moquent des personnes dépendantes d'Internet ou de celles qui subissent des chirurgies plastiques pour se sentir acceptables dans notre monde hédoniste. Prendre conscience de l'actuelle dérive du sexe ne doit pas nous conduire à ridiculiser les gens qui ont adopté les comportements qui découlent des valeurs prônées par notre société.

Je pense à toutes les victimes de la révolution sexuelle avec beaucoup d'empathie. L'intensité des besoins humains m'émeut toujours. Il reste, toutefois, que nous devons avoir des valeurs pour éclairer notre conduite.

L'être humain a besoin de cohérence pour ne pas se heurter à des contradictions entre ce qui est dit et ce qui est fait. De plus, je crois que l'intégrité psychique et l'intégrité physique vont de pair avec l'intégrité morale. Notre santé physique et psychologique dépend, en effet, de la cohésion et de la solidité de nos valeurs morales. Il se peut que la conscience d'un individu se trouve accusée lorsqu'il découvre ses écarts de conduite. Toutefois, être interpellé par la connaissance du bien et du mal est un processus sain, qui est fort différent du fait de subir les préjugés d'autrui.

Mon souhait en écrivant ce livre est d'aider mes lecteurs à fonder des familles heureuses parce qu'établies sur une base solide. J'ai voulu parler aussi bien avec mon cœur qu'avec ma tête. Souvent, j'ai pensé à vous tous, lecteurs et lectrices, en qui mes propos susciteraient une réflexion. Je sais que les sujets que j'aborde sont délicats, car la sexualité et la spiritualité provoquent souvent de vives émotions. Il y aura certainement des personnes qui ne partageront pas mon point de vue, mais je crois qu'il est possible de discuter dans le plus grand respect.

Mon analyse porte sur la société québécoise. Je crois, toutefois, que les observations que je formule peuvent s'appliquer à tous les peuples qui ont connu la révolution sexuelle, à condition, bien entendu, que chaque nation fasse l'effort d'évaluer les particularités de sa culture. En effet, le discours adopté et les solutions proposées doivent tenir compte de chaque milieu et de chaque époque. Je me méfie des approches trop idéalistes qui ne prennent pas en considération la réalité. Bien que nous ayons besoin d'un idéal pour orienter nos politiques, il importe de saisir que le rôle des valeurs n'est pas de créer un idéal hors du réel, mais de nous guider comme société dans le réel.

Enfin, j'aimerais préciser que les appels de note indiqués par une lettre renvoient au bas de la page, tandis que ceux marqués par un chiffre renvoient à la fin du livre. J'ai procédé ainsi pour permettre aux lecteurs d'accéder rapidement aux commentaires utiles à la compréhension du texte, tout en ne surchargeant pas les bas de pages par les références bibliographiques.

Section I

Un constat alarmant

1
Une révolution inachevée

Le confessionnal de Robert Lepage m'a beaucoup touché. Ce film décrit deux époques. Il situe d'abord l'action au début des années 1950, qui ont été marquées par la loi du silence. Au travers des différentes scènes qu'il nous présente, nous pouvons ressentir la souffrance des victimes d'un système hypocrite qui préconisait la chasteté sans la pratiquer. Il nous transporte ensuite à la fin des années 1980, où les relations ont été brisées par la révolution sexuelle. Il nous montre des familles éclatées et dont les membres ont autant de difficulté à vivre leur sexualité que leurs parents ou leurs grands-parents en ont eu. La fin du film laisse présager le pire. Un homme se dirige vers le vieux pont de Québec en compagnie de son jeune neveu. Il prend l'enfant dans ses bras, monte sur la rampe de protection longeant le trottoir et se met à marcher en funambule. Inquiet, le spectateur se demande s'ils sauteront dans le vide. Le film se termine sur cette déclaration :

Dans la ville où je suis né,
Le passé porte le présent
Comme un enfant sur ses épaules.

J'aimerais saisir l'homme et l'enfant dans leur jeu fou avec la mort. Comment supprimer le joug de l'oppression qui se transmet de génération en génération? Il faudrait que mon peuple comprenne la gravité de la situation et qu'il puisse enfin intérioriser des valeurs solides pour sa vie familiale et sexuelle. Il faudrait que des voix se lèvent au Québec et partout dans le monde, car ma nation n'est pas la seule à vivre un tel phénomène. Je déclare donc au ciel et à la terre : Que la conscience des individus et des peuples se réveille et crie haut et fort « Réparons les brèches ! Restaurons les familles en ruine ! »

Un fondement fragile

La révolution sexuelle s'est inscrite dans le courant de l'Histoire en réaction à ce que certains ont pu percevoir comme une répression de l'énergie sexuelle humaine. En effet, les pionniers de cette révolution considéraient que la seule raison d'être du puritanisme était d'enrichir une élite qui, acoquinée avec l'Église, complotait afin d'asservir l'énergie du bas peuple à ses fins mercantiles. Une transformation sociale radicale devait donc, selon eux, faire table rase de tous les interdits et rejeter le principe même de l'autorité. *Elle* [la révolution sexuelle] *procédait d'une ambition avouée : celle de balayer le passé pour promouvoir un « homme du plaisir », [...] Un homme affranchi des règles et des prudences, voué au seul infini de la jouissance*[3].

De 1920 à 1960, le discours de la révolution sexuelle a résonné de plus en plus fort en Occident. Puis, il s'est répandu peu à peu dans le monde. Il proclamait que le bonheur dépendrait désormais d'un mode de vie libertaire. Les névroses et les crimes sexuels allaient disparaître, à condition, bien sûr, que nous soyons affranchis de la répression sexuelle[a]. Nous étions à la porte d'un âge nouveau, celui de l'amour libre. Finis les problèmes conjugaux et la prison matrimoniale ! Les enfants seraient élevés par la communauté et gambaderaient gaiement, le visage radieux. Rien ne pourrait plus arrêter l'évolution sociale et le progrès technique, qui rendraient possible l'affranchissement de la maternité et des infections transmissibles sexuellement.

Dans l'euphorie collective, une génération s'est laissée entraîner vers ces idées séduisantes. Pourtant, plusieurs penseurs, dont Freud, dénonçaient l'immense naïveté de cette utopie. Comment pouvait-on

---

a. Selon cette thèse, l'être humain est bon en lui-même. Par les écrits de Wilhelm Reich, entre autres, on voit donc resurgir ici les idées de Jean-Jacques Rousseau, que différents penseurs, cependant, avaient déjà rejetées.

croire que l'abandon de toute morale au profit d'un ordre prétendument naturel allait permettre à la société de survivre ? Ne serait-ce pas plutôt un retour à la loi de la jungle ? Étrange conception du progrès que ce retour à la bête sauvage qui se tapit en chacun de nous ! Selon l'historien Michel Foucault, Freud aurait préféré *convoquer autour du désir tout l'ancien ordre du pouvoir*[4]. Loin de prêcher l'abolition de la loi et de la norme, le père de la psychanalyse voyait plutôt dans leur maintien un principe structurant et régulateur.

Puis, dans les années 1960, au beau milieu de ce branle-bas social, d'autres comprirent que le relâchement des mœurs allait servir les intérêts financiers d'une classe privilégiée, plus encore que l'ancien régime ne l'avait fait. En effet, l'érotisation générale s'est vite métamorphosée en un marché où le langage de l'amour a été réduit à un simple principe de consommation, où la révolution sexuelle est apparue comme un nouvel esclavage. Car *L'argent apparaît dorénavant comme un policier du désir infiniment plus brutal et plus injuste que toutes les morales de la terre*[5]. Coup dur pour ceux et celles qui voulaient se libérer de l'oppression du capitalisme bourgeois !

De nos jours, la majorité des habitants des pays riches a accepté cette dérive idéologique. Ainsi, entraînés dans un monde bouleversé, les Occidentaux tentent de noyer leur désarroi dans une panoplie de loisirs et de jouissances, car notre société, désabusée et molle, ne cherche plus à se battre pour de grandes idées. D'une part, elle se contente d'une paix à bas prix, que les principes de la révolution sexuelle offrent encore. En effet, *on profite des commodités permissives de l'époque sans renoncer pour autant aux gratifications symboliques de la révolte*[6]. Belle économie d'énergie et de temps, mais qui conduit tout droit aux plus absurdes contradictions. D'autre part, ce n'est pas seulement par indifférence ou par paresse que nous ne voulons pas réfléchir. C'est aussi pour oublier nos angoisses existentielles. D'ailleurs, l'énorme marché de l'érotisme veille à maintenir la loi du silence, à déformer les discours dissidents et à enfermer leurs protagonistes dans de faux débats stéréotypés, dont les règles sont établies d'avance afin de conserver le *statu quo*.

Des continents menacés

Reste que certains irritants de la révolution sexuelle ont parfois tendance à faire resurgir la question fondamentale suivante : avons-nous, oui ou non, besoin en tant que société d'une morale sexuelle ? Car plusieurs problèmes importants menacent notre sexualité. Le symbole typique en est le sida. L'Afrique se meurt sous son joug. Et que dire de l'Asie et de l'ex-Union soviétique où cette terrible maladie est en pleine expansion ? En Occident, le sida a semé, pour un temps du moins, une nouvelle peur des rapports sexuels hors mariage parmi la population. Toutefois, nous semblons nous habituer au phénomène et ne plus trembler devant cette menace redoutable.

Pourtant, même si le sida reste une maladie rare dans les pays occidentaux, il se propage maintenant dans l'ensemble de la population et ne touche plus surtout les homosexuels comme autrefois. Ainsi, au Canada et aux États-Unis, il y a actuellement davantage de nouveaux cas diagnostiqués chez les hétérosexuels que chez les homosexuels. En effet, les données canadiennes rapportent qu'avant 1995, moins de 17 % des nouveaux cas de VIH étaient des individus hétérosexuels, tandis que 75 % étaient des homosexuels, les 8 % restants étant des utilisateurs de drogues intraveineuses de différentes orientations sexuelles. Cependant, un revirement a été observé en 1997, quand on a noté que 43 % des nouveaux cas étaient constitués d'hétérosexuels non-consommateurs de drogues et que seulement 37 % l'étaient d'homosexuels[7]. Ce changement a été remarqué également quant au sexe des personnes atteintes. Par exemple, Santé Canada mentionne que 9,8 % des sidatiques étaient des femmes en 1985 par rapport à 21,5 % en 1996[8]. D'autres experts soulignent qu'en 1995, au Canada, 70 % des nouveaux cas de sida chez les femmes survenaient par contact hétérosexuel, sans facteur de risque identifiable[9]. De même, dans plusieurs grandes villes américaines, on a observé dès le début des années 1990 que l'incidence des nouveaux cas augmentait plus rapidement chez les femmes que chez les hommes[10]. D'après les données récentes, cette situation se maintient toujours[b].

Il va sans dire que cette situation inquiète beaucoup les responsables nord-américains de la santé. Ces derniers sont conscients que ce revirement pourrait conduire à une situation semblable à celle que connaissent plusieurs pays d'Afrique, où la prévalence de la maladie dépassait 20 % au début des années 1990 et où des études ont observé des taux de séropositivité de 90 % chez les prostituées et de 10 % à 30 % chez les femmes enceintes de certaines villes[11].

Le sida, comme toutes les infections transmissibles sexuellement (ITS), est directement relié au comportement sexuel. Lorsque deux partenaires vierges se marient et demeurent fidèles, il est impossible qu'ils attrapent une ITS en ayant des rapports sexuels. L'abstinence en dehors du mariage est donc la pierre d'angle de la lutte contre le sida et les autres ITS. Cependant, il y a beaucoup de réticences à véhiculer ce message. Par exemple, lors d'un congrès mondial sur le sida, en parlant de la prise de conscience de ses compatriotes, l'anthropologue sud-africaine Suzanne Leclerc-Madlala a expliqué que les gens se rendent compte qu'il faut plus que des condoms. *Avec plus de la moitié des décès attribuable au sida, ceux qui reviennent des funérailles sont maintenant conscients qu'une nouvelle maladie ravage le pays. Quelques personnes ont maintenant la sagesse de parler de la nécessité d'un changement de comportement. [...] Mais jusqu'à présent, nous n'avons pas été assez motivés pour organiser des marches afin de réclamer que la prévention du sida s'effectue à partir du changement des comportements*[12]. Madame Leclerc-Madlala ajoute que la promotion de l'abstinence et de la fidélité ne sera pas chose facile. Les jeunes de son pays fréquentent les clubs *raves*, et plusieurs personnes rejettent la notion de responsabilité sexuelle. Ce message semble austère, déclare-t-elle, mais la chasteté est une question de santé tout autant que de morale et une stratégie essentielle à la survie.

Vivre l'abstinence est possible. En Ouganda, les dirigeants gouvernementaux se sont prononcés en faveur de l'abstinence avant le mariage et de la fidélité pendant l'union conjugale. Dans ce pays, la prévalence du VIH était de 21 % en 1991. Elle est passée à 6 % en 2001. Selon une étude

---

b. D'après les données de la Société canadienne du sida, la transmission par contact hétérosexuel représente maintenant près du tiers des nouveaux cas. La proportion de nouveaux cas séropositifs rapportée pour 2006 au sein de la population est de 39,6 % pour les hommes gais, de 27,7 % pour les femmes et de 19,3 % parmi les personnes qui s'injectent des drogues. En France, la situation est un peu différente, avec 27 % pour les hommes gais et 33 % pour les femmes.

réalisée par l'épidémiologiste Rand Stoneburner, la réduction du nombre de partenaires a été l'élément clé[13]. La politique préventive ougandaise a consisté, de plus, à limiter la distribution de condoms aux personnes déjà séropositives ou à très haut risque comme les prostituées. La population reçoit donc un message clair : l'abstinence en dehors du mariage et la fidélité durant sont les facteurs essentiels de la lutte contre le sida[c]. Le succès est si phénoménal que l'Ouganda est maintenant cité en exemple dans le monde entier. Madame Leclerc-Madlala conclut que les États riches ont beaucoup à apprendre de certains pays du Tiers-Monde.

En Occident, la progression du sida n'a malheureusement pas amené la société à évaluer l'éthique sexuelle dont elle s'est dotée. L'infection par le VIH n'a pas non plus poussé les défenseurs de la révolution sexuelle à remettre en question leur thèse. Certes, elle a contribué à modifier leur discours, mais elle n'en a visiblement pas changé le parcours véritable. On s'est juste affairé à gérer le dérapage en exigeant du public, et en particulier des adolescents, qu'il utilise le condom pour se protéger contre le sida.

Cette maladie a, cependant, des effets importants sur l'utopie de la liberté sexuelle. Elle rappelle que la mort et le plaisir peuvent se côtoyer. En obligeant les gens à se protéger, elle provoque également l'insatisfaction générale. Ainsi certains reprochent au condom de réduire le plaisir

---

c. Certains groupes qui s'opposent à la promotion de la chasteté réagissent en citant une recherche effectuée dans la région de Rakai, entre 1994 et 2002, qui a conclu que le condom a plus contribué à la réduction de la prévalence du sida en Ouganda que l'abstinence. [Altman (L. K.), "UGANDA: Study Challenges Abstinence as Crucial to AIDS Strategy", *New York Times*, Thursday, February 24 2005. Offert à : http://www.aegis.com/news/ads/2005/AD050357.html]

Cependant, généralement, *les chercheurs s'accordent à dire que ce n'est pas l'usage du condom qui explique un tel succès. Les changements significatifs observés sont de vraies modifications du comportement sexuel et une volonté sociale de promouvoir l'abstinence en dehors du mariage et la fidélité pendant. Ainsi une étude récente de chercheurs de l'université Harvard a démontré une réduction de la prévalence des partenaires sexuels multiples de 18 % en 1989 à 8 % en 1995 et à 2 % cette année* [2002]. [Leclerc-Madlala (S.), Africa News, Mail & Guardian, October 4, 2002; Grunwald (M.), "Abstinence Works... Every Single Time", Washington Post, February 2 2002; The Times of Zambia, March 11 2003; Hall (J.), Inter Press Service, October 4 2002; Famure (O.), "Report on the First Pan-African Family Life International Conference", Durban, South Africa, May 2003. www.ghanaweb.com, April 28 2003.]

et d'assombrir la lumière libertaire. D'autres disent que cette approche mécanique nous éloigne toujours davantage de l'amour et du plaisir, et du sexe qui ouvre sur le sacré[14]. De plus, le nouveau dogme froid du « sexe protégé » prend en otage une jeunesse innocente à qui la sexualité n'est plus présentée comme une valeur fondamentale, belle et riche de sens. Et nous sommes tous complices de ce drame, voulant préserver coûte que coûte les acquis de la révolution sexuelle. Après tout, lorsque le sida est apparu et qu'on a décidé de faire la promotion du condom, cet outil n'était pas seulement bienvenu pour ses vertus physiques, il l'était aussi comme arme politique qui permettait de ne pas remettre en question les gains de la révolution sexuelle. *L'urgence sanitaire fonctionnait comme une machine à simplifier. Peut-être n'attendait-on que cela?*, déclare l'essayiste Jean-Claude Guillebaud[15].

La dérive du sexe

De plus en plus d'éducateurs sexuels s'entendent pour dire que la révolution sexuelle n'a pas atteint ses objectifs. Au contraire, nous nous dirigeons tout droit vers une culture de la pornographie. Le sexe est affiché partout. Il est devenu un bien de consommation. La mécanique sexuelle l'emporte sur la relation amoureuse. On parlait jadis de dysfonction sexuelle. On parle aujourd'hui de dysfonction relationnelle. Nous avons perdu le sens de la rencontre amoureuse et de la fête érotique. La relation amoureuse est en voie de disparition au profit du sexe à l'état brut. Par exemple, certains jeunes âgés de 12 à 13 ans s'adonnent à des concours de fellation. Et ce ne serait pas les garçons, mais des filles *cools* qui encourageraient cette activité en incitant leurs copines à être initiées pour faire partie du groupe[16].

Comment expliquer la perte de nos repères en amour? Certains penseurs croient que la recherche des plaisirs est la seule avenue des peuples qui n'ont plus d'espérance ni de cause pour lesquelles se battre. La perte de la vision du mariage et des valeurs morales a aussi pour conséquence de faire glisser lentement notre comportement sexuel vers des formes de plus en plus animales. Car cette culture de consommation véhiculant que tous les fantasmes peuvent être réalisés n'est que la continuité d'une logique de scission des éléments de la sexualité. En un premier temps, les baby-boomers ont rejeté la notion d'engagement, tandis qu'à l'heure actuelle,

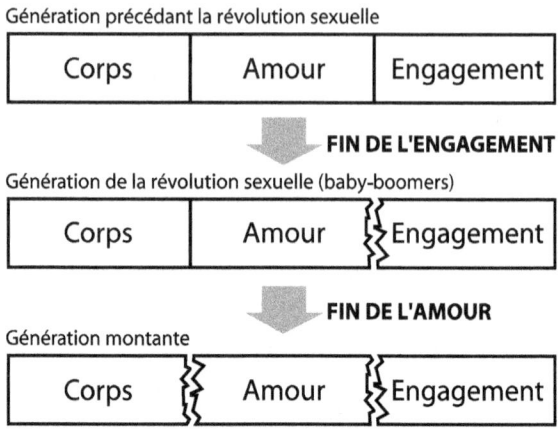

Figure 1 : *Évolution des valeurs*

comme le montre la figure 1, la génération montante tend à séparer l'expérience physique des aspects émotionnels de la relation.

L'idée que la sexualité est en train de devenir un phénomène de consommation m'a traversé l'esprit bien avant que l'on observe cette tendance à chercher des sensations fortes à travers différentes expériences qui dégradent la dignité humaine. Par exemple, dès que j'ai commencé à parler en faveur de l'abstinence sexuelle jusqu'au mariage, on s'y est opposé, rétorquant qu'il fallait « essayer » notre partenaire pour voir si on est compatibles sexuellement avant de s'engager à long terme. Or, d'après mon expérience personnelle et les données scientifiques, un essai prématrimonial ne garantit absolument pas que tout ira bien par la suite. Je crois que l'idée d'essayer notre partenaire comme on essaie une paire de pantoufles avant de l'acheter relève de notre mentalité de consommateurs. Cette façon de penser est un sous-produit de notre société, tout comme les diverses formes d'échanges sexuels qui n'engagent que le corps des partenaires.

De même, cette idée qu'ont des adolescents de s'exposer nus devant leur webcaméra et d'échanger ces images ne relève-t-elle pas d'une logique d'exhibition, de séduction et de consommation ? Ne démontre-t-elle pas qu'il faut voir l'organe avant de l'essayer et de l'essayer avant de

s'engager à l'utiliser à plus long terme ? Serait-ce aussi parce que les adolescents commencent à croire que la valeur d'un individu se mesure à la
beauté de son corps ? En échangeant ces images, ils rechercheraient donc
des commentaires positifs qui affermiraient leur estime personnelle.

Dans ce contexte de consommation du sexe et de valorisation par
l'image, est-il exagéré de dire que pour plusieurs personnes, le partenaire
est devenu un objet qu'on utilise et qu'on jette après usage ? D'ailleurs,
divers auteurs déclarent que le sexe est devenu si banal que, paradoxale-
ment, certains en perdent l'envie. La panne de désir serait devenue l'un
des principaux motifs de consultation chez les sexologues.

La nouvelle chasteté et ses adeptes

Malgré le tapage médiatique qui entoure les expériences sexuelles de
plus en plus déshumanisantes de certains jeunes et de certains adultes,
nous ne devrions pas, toutefois, conclure que tout le monde a réduit la
relation amoureuse à la seule jouissance sexuelle. En effet, la majorité
des personnes que je côtoie s'intéresse encore à l'amour. Nous devons
ici discerner le voyeurisme des téléspectateurs de la réalité. Cependant,
je pense que la tendance est bien réelle. Toujours davantage de jeunes et
d'adultes imitent ce qu'ils voient à la télé ou dans Internet et adoptent une
sexualité de consommation parce qu'ils pensent que c'est cela l'amour.
Mais n'est-il pas normal qu'ils entretiennent cette illusion si personne ne
leur transmet des valeurs sensées qui leur permettront d'être heureux ?

Pouvons-nous colmater les brèches qui ont fissuré notre conception du mariage et de la famille ? Arriverons-nous un jour à intégrer les
valeurs du corps, de l'amour et de l'engagement ? Je crois que oui, si
nous réussissons à redonner à chaque personne le goût d'attendre au
mariage avant d'avoir des relations sexuelles et le désir de se battre pour
vivre une union conjugale durable et harmonieuse.

La chasteté est justement cette vertu régulatrice du plaisir sexuel.
Elle en assure la protection et son épanouissement dans le cadre sécuritaire qu'est est le mariage. Bien qu'associée à la virginité, à la fidélité, à la pureté, à la continence et à l'abstinence en dehors de l'union

conjugale, la chasteté ne doit pas, cependant, être confondue avec ces divers concepts. Elle procède de l'harmonie intérieure de l'individu, qui accueille ses pulsions sexuelles ainsi que ses élans amoureux et coopère avec eux afin de les humaniser. De plus, elle lui permet de les faire passer par le filtre de la conscience, du jugement moral et de la volonté, qui distinguent l'être humain de la bête. Orienté de la sorte, le vécu sexuel accède à un sens, à une légitimité.

Tous ceux qui choisissent aujourd'hui un style de vie chaste ne le font pas pour les mêmes motifs. Ainsi il y a des personnes qui sont blessées à la suite d'aventures sexuelles ou amoureuses. C'est pourquoi elles décident de vivre une période d'abstinence pour guérir de leurs blessures ou pour rapatrier leur désir perdu dans le labyrinthe de l'hypersexualisation. De la sorte, elles regagneront le pouvoir sur leur corps et jouiront de la liberté de ne plus suivre l'injonction de la performance sexuelle. Elles affirmeront leur dissidence en refusant la tyrannie du plaisir. Certaines de ces personnes souhaiteront éviter à jamais les tracas de la vie à deux. D'autres réussiront à harmoniser leur libido et comprendront que l'acte sexuel a une signification, qu'au delà des ébats physiques surgit le besoin d'une relation intime avec un autre être humain.

D'autres personnes choisissent d'être chastes parce qu'elles se préoccupent de leur santé et de leur avenir[d]. Elles comprennent, en analysant les données scientifiques, que la meilleure protection contre les infections transmissibles sexuellement est offerte par la chasteté. De plus, le fait de cultiver tôt dans sa vie la vision du mariage avec un seul partenaire favorise la capacité de s'attacher émotionnellement, puis de s'engager et de fonder une famille solide.

Certaines personnes encore croient tout simplement à l'importance d'avoir des valeurs pour le couple et la famille et l'affirment ouvertement. Certaines sont influencées par leur éducation ou par des traditions

---

d. L'argument de la santé n'est pas négligeable. D'ailleurs, plusieurs sites Internet très attrayants pour les jeunes parlent maintenant de l'abstinence sexuelle comme d'une méthode de protection de la santé. Il y a là tout un potentiel, même si la plupart de ces sites n'expliquent pas ce qu'est un style de vie chaste.

plus ou moins religieuses. D'autres rêvent d'un foyer stable et découvrent les valeurs de la famille en analysant les contradictions qui existent dans les concepts théoriques de la révolution sexuelle ou en étudiant ses conséquences.

D'ailleurs, de plus en plus de professionnels de la santé physique et mentale, de chercheurs, d'éducateurs et de politiciens osent poser des questions franches et suggérer de nouvelles avenues. Il va sans dire que leurs commentaires ébranlent les thèses de la révolution sexuelle. Aussi sont-ils parfois accusés d'être vieux jeu ou trouble-fêtes par ceux qui voient dans les slogans de cette révolution la seule voie de progrès.

Finalement, un groupe se distingue par son désir de respecter les vérités révélées dans les Écritures saintes et de plaire à Dieu en cultivant une bonne relation avec lui. Le croyant, tout en étant conscient que la chasteté lui donne accès à la santé physique et émotive et à la stabilité familiale, a une motivation supplémentaire. Sa chasteté fait partie d'une recherche globale de pureté et de sainteté.

Les motifs pour être chaste sont donc variables. Pour les uns, la chasteté est avant tout une valeur sociale pouvant apporter la stabilité et la santé. Pour les autres, elle donne accès à une dimension spirituelle qui se soucie de la pureté et du regard de Dieu sur l'agir humain. Puisque tous ces groupes qui s'intéressent de près ou de loin à la chasteté représentent un grand nombre d'individus, je refuse catégoriquement l'idée de marginaliser les personnes chastes. La chasteté n'est pas seulement dans le cœur des personnes ultraconservatrices ou religieuses comme certains le prétendent. En réalité, l'attrait du mariage et des valeurs qui entourent la famille est bien plus répandu qu'on pourrait le croire. Il est là, en veilleuse, dans le cœur de chaque être humain.

2
Des familles en souffrance

Denis Arcand a démontré dans *Les invasions barbares* qu'un séjour à l'hôpital n'est pas de tout repos. Ce réalisateur aime bien interpeller ses spectateurs. Son film, empreint d'humour noir, nous amène à réfléchir sur la souffrance, la guérison et la mort. Il est la suite d'une œuvre précédente, dont le scénario avait surpris tout le monde. En effet, en nommant cette dernière *Le déclin de l'empire américain*, Arcand se doutait assurément que le public s'attendrait à voir un film sur la politique ou l'économie des États-uniens. Pourtant, ce n'est pas le cas : *Le Déclin* décrit plutôt la vie sexuelle de quelques professeurs d'université. Son but, selon moi, est de nous permettre de nous identifier avec des personnages à la vie conjugale et familiale brisée. Derrière l'entrain et les sarcasmes de ces bons vivants se cachent des cœurs troublés. À la fin du film, les spectateurs établissent le lien entre le scénario et le titre de l'œuvre quand le professeur d'histoire explique que le déclin de l'Empire romain a commencé avec le relâchement des mœurs et la destruction de la famille. Il ajoute qu'aucune civilisation ne peut résister à ce genre d'effritement. En somme, la souffrance qui atteint la famille et la société nord-américaines est au centre de ces deux films de Denis Arcand.

Comment devons-nous réagir à un tel constat ? Devons-nous faire preuve de pessimisme et observer la désintégration sociale sans nous mobiliser ? Certainement pas ! Toutefois, afin d'éviter de proposer des solutions qui s'avéreraient superficielles, nous devons d'abord comprendre la situation de la famille. En effet, puisque le noyau familial est une unité de vie fondamentale, il est essentiel que nous saisissions le rapport étroit qui existe entre nos mœurs sexuelles et l'état de nos familles.

Des foyers qui vont à la dérive

Malgré certains effets positifs, il est bien difficile de parler de réussite lorsque nous évaluons les conséquences de la révolution sexuelle sur la famille. D'ailleurs, dès le début, les artisans de cette révolution ont déclaré qu'il fallait abolir le mariage, car il était une entrave à l'épanouissement sexuel et personnel. Cette thèse a amené une nouvelle façon de concevoir le couple et les enfants et a eu pour effet global d'affaiblir la famille.

La destruction de la famille contribue à la hausse dramatique de la fragilité psychologique des personnes qui composent la société. Pourquoi? Parce qu'en plus d'être le nid où se reproduit l'espèce humaine, une famille stable, forte de l'apport d'un père et d'une mère, est le noyau dont les enfants ont besoin pour acquérir une base émotionnelle solide. Pour l'adulte, elle est le lieu par excellence de repli, de ressourcement et de repos où il trouve le réconfort et la stimulation qui lui permettent de poursuivre le combat de la vie. Sans une famille qui dégage de l'affection et qui pourvoit aux besoins vitaux, enfants et adultes perdent leur écran de protection, leur oasis de paix et d'amour. Aujourd'hui, plusieurs d'entre nous ont perdu ou vivent dans la crainte de perdre leur principale source de chaleur et de sécurité, dont la mission première est de répondre aux besoins fondamentaux de ses membres[a]. Il n'est donc pas étonnant que tant de personnes soient anxieuses et perturbées.

Des couples souffrent

La souffrance actuelle des couples ne peut pas se traduire vraiment par des mots ou s'expliquer par des statistiques. Peut-être avez-vous vécu vous-même des difficultés conjugales. Sinon, jetez un coup d'œil autour de vous. Vous connaissez sûrement des personnes qui souffrent à cause

---

a. D'après Abraham Maslow, les trois premiers besoins de l'être humain sont les besoins physiologiques de base (l'homme doit manger, dormir et être au chaud pour survivre), le besoin de sécurité (de tout temps, la famille a eu pour rôle de protéger contre les différentes sortes d'agression) et le besoin d'amour (l'amour parental est le fondement de toutes les relations).

d'un échec amoureux. Il est vrai que les gens cachent leurs émotions la plupart du temps. Comme médecin, cependant, je suis fréquemment témoin de leur désarroi. Nous entendons souvent dire qu'une séparation peut apporter un relâchement des tensions familiales. Toutefois, les personnes qui ont connu une rupture avouent qu'elle a représenté une épreuve pénible et qu'elles l'ont vécue comme un échec personnel[17]. Des chercheurs ont démontré que l'ajustement émotionnel à une séparation prend de 2 à 4 ans[18]. Certains déclarent qu'il faut des années avant d'être à nouveau capable de faire confiance à l'autre sexe après avoir été trompé[19].

Nous ferions donc preuve de naïveté si nous croyions que les personnes qui connaissent une rupture vivent toujours le parfait bonheur par la suite. De plus, en général, de nouveaux problèmes surgissent après la séparation. La vie familiale se complique. Par exemple, la planification financière ne suit pas le parcours prévu. En fait, la pauvreté des familles monoparentales est une réalité, autant pour les femmes[20] que pour les hommes[21]. Le phénomène est facile à comprendre. Tous les avantages économiques rattachés à l'union conjugale disparaissent avec le divorce. Après la séparation, pendant la période où les ex-conjoints vivent seuls, ils doivent se procurer les biens matériels en double : deux logements, deux voitures, etc. Un remariage, s'il apporte un certain soulagement financier, n'effacera pas les pertes économiques antérieures : frais juridiques, liquidation et partage des biens ou pensions alimentaires, pertes de revenus imputables au stress de la séparation ou à la nécessité d'être à la maison pour les enfants. Il semble donc évident que l'éclatement de la famille est une cause de pauvreté sociale. Or, il a été établi que la santé mentale et physique des parents ainsi que celle des enfants sont fortement liées à la condition économique des familles[22].

Des études révèlent également que les hommes célibataires et divorcés sont plus à risque de tuberculose, de cirrhose du foie, d'accident, de pneumonie, d'homicide, de suicide et de syphilis. Au total, leur taux de mortalité est 135 % fois plus élevé que celui des hommes mariés[23]. L'effet protecteur du mariage sur la santé des femmes n'est pas démontré de façon aussi claire. Certaines études indiquent qu'elles sont en fait plus à risque de dépression en se mariant qu'en restant célibataires[24], tandis que d'autres recherches arrivent à la conclusion inverse[25]. Par ailleurs, différentes observations démontrent que le taux de suicide est plus bas[26] et que le sentiment de bien-être global est meilleur[27] chez les personnes mariées que chez les personnes célibataires.

Des enfants subissent

Les enfants aussi souffrent des enseignements véhiculés par la révolution sexuelle. Environ 60 % des couples qui divorcent ont des enfants[28]. La période qui suit la rupture est marquée par une régression générale du comportement de l'enfant. On observe de l'insomnie, de l'anxiété, une baisse de la sociabilité et, parfois, une véritable dépression.

Si la souffrance des enfants est un fardeau supplémentaire pour des parents en crise, ces derniers se consolent souvent en se disant que tout ira mieux avec le temps. Malheureusement, les recherches qui ont observé les effets à long terme du divorce sur les enfants ne nous rapportent pas de bonnes nouvelles. Par exemple, une revue de quelques études longitudinales démontre que les jeunes garçons des familles éclatées présentent des difficultés significatives dans leur relation avec leur mère. Ils deviennent agressifs, impulsifs et souffrent d'insécurité, tandis que les fillettes adoptent en général un comportement plus pacifique. Notons que ces conclusions sont indépendantes du fait que les garçons vivent ou non dans une famille reconstituée[29]. Ces mêmes études révèlent que les filles, quant à elles, ressentent davantage les conséquences de la rupture familiale à l'adolescence, période de la vie où l'absence de leur père les affecte particulièrement. D'ailleurs, il m'arrive souvent de traiter des adolescentes déprimées qui m'avouent ne pas avoir accepté le divorce de leurs parents et désirer avoir plus d'interactions avec leur père.

De plus, de nombreux spécialistes établissent une corrélation entre une faible estime de soi et le fait d'être un adolescent ou une adolescente de parents divorcés[30]. D'autres recherches encore révèlent que la détresse des enfants de famille brisée s'exprime, après la puberté, par divers troubles psychosomatiques[31], par des accidents reliés à un comportement dangereux et par des homicides[32].

Enfin, on estime que 10 % à 15 % des jeunes d'âge scolaire souffrent de troubles d'apprentissage[33]. Or, il semble qu'une bonne partie de ces difficultés soient attribuables à des problèmes émotifs reliés aux tensions familiales. On observe également que les enfants de famille monoparentale risquent davantage d'avoir un comportement perturbé à l'école que ceux qui ont deux parents à la maison[34]. Lorsqu'une famille est en péril, les troubles d'apprentissage ajoutent donc au stress de l'enfant et du ou des parents. Cette situation, et le décrochage scolaire qui en découle, semble toucher davantage les garçons que les filles. Elle cause aussi un problème énorme à la société, qui n'a pas les ressources pour y faire face.

Au Québec, plusieurs futurs enseignants se découragent avant même leur arrivée sur le marché du travail, parce qu'ils se sentent dépassés par les troubles affectifs des élèves. Une étudiante en enseignement primaire m'a décrit avec émotion la classe dont elle était responsable durant son dernier stage. Le tiers des élèves avait des difficultés d'apprentissage. Plus de la moitié vivait des tensions familiales majeures. Enfin, plusieurs parents avaient fait preuve de dénigrement à l'égard de leur fille ou de leur garçon lors d'une rencontre avec la stagiaire.

Pas besoin d'être devin pour comprendre ce qui ne va pas à l'école. Ce ne sont pas les élèves qui sont devenus tout à coup idiots. Ce ne sont pas les professeurs qui sont incompétents. Ce ne sont pas les méthodes qui sont inappropriées. Non, le vrai problème, c'est la famille. Ce qu'il nous faut, ce sont des familles stables qui sauront donner un milieu de vie convenable aux enfants afin qu'ils soient disponibles sur le plan émotionnel et intellectuel pour apprendre. Certaines commissions scolaires l'ont saisi. Elles offrent des cours aux parents afin de les amener à mieux comprendre leurs enfants et elles leur proposent de l'aide aux devoirs. Toutefois, ces mesures ne réussissent pas à redresser la situation. Faute de valeurs sociales favorables à la stabilité du couple, les familles se désintègrent, et les enfants perdent leurs repères.

Une redéfinition qui est dangereuse

L'éclatement de la famille a été constaté sans que l'on propose, jusqu'à présent, un retour à des valeurs susceptibles de la protéger.

Plusieurs ont pensé que le noyau familial serait simplement remodelé et qu'il prendrait désormais diverses formes. Par exemple, nous assistons dans certains pays à la redéfinition du mariage pour y inclure les couples homosexuels. Cependant, ce dernier état de fait soulève beaucoup de questions à l'égard du bien-être des enfants qui seront accueillis dans ces ménages. De plus, ce précédent risque d'entraîner la formation de différentes sortes d'unions, comme la polygamie, l'endogamie (mariage entre frères et sœurs, cousins et cousines germains) et le mariage avec des enfants, selon le juriste George Dent[35]. Ces craintes sont-elles exagérées? Je ne crois pas, puisque de telles situations existent déjà. En effet, les Pays-Bas, après avoir légalisé le mariage gai, a autorisé la polygamie. C'est ainsi que le 23 septembre 2005, trois Néerlandais, un homme et deux femmes, se sont mariés[36].

Que penser de toutes ces formes inédites d'unions? Que dire de l'échangisme, qui est en recrudescence à la suite d'un jugement favorable de la Cour suprême du Canada? Ne s'agit-il pas de nouvelles illusions lancées dans le sillage d'une révolution sexuelle qui cherche à survivre malgré tous les constats d'échecs? Quelles seront les conséquences de ces nouvelles mœurs sur les adultes et sur les enfants? Sommes-nous si découragés de la famille nucléaire hétérosexuelle qu'il nous faille abandonner ce modèle pour risquer des expériences dont nous ne connaissons pas l'issu?

Le suicide fait des ravages

Il y aurait aussi un lien entre le suicide et la désintégration actuelle de la famille. Au Canada, le suicide réussi chez les jeunes de 15 à 19 ans de sexe masculin est passé de 5 à 20 par 100 000 habitants entre 1960 et 1991[37]. En 2002, à 26 par 100 000 d'habitants[38], le taux de suicide chez les jeunes Québécois de 15 à 24 ans était un des plus élevés au monde. Heureusement, en 2006, nous avons assisté à une baisse des suicides chez les deux sexes, en particulier chez les jeunes hommes.

Si l'éclatement des familles ne peut être considéré comme le seul responsable de la hausse des suicides, des chercheurs ont démontré néanmoins que la séparation ou le divorce des parents constitue le facteur de risque le plus souvent associé à une tentative de suicide chez les adolescents[39]. De même, chez les adultes, les difficultés qui conduisent à la dépression ou au suicide sont la plupart du temps en relation avec des problèmes familiaux importants, éprouvés dans l'enfance ou durant l'union conjugale adulte. Elles peuvent aussi survenir à la suite des pertes importantes qui découlent d'une rupture familiale et de l'isolement qui en résulte.

D'après les données québécoises enregistrées en 2000, pour chaque décès par suicide, environ 40 personnes tentent de s'enlever la vie et 200 y songent. Dans notre belle province, des milliers de personnes sont affectées par le phénomène, puisque rares sont les gens qui ne connaissent pas un ami, un collègue ou un membre de leur famille qui s'est suicidé. Le sujet est à la fois délicat et touchant.

Au delà des conseils destinés à dépister la dépression et les signes avant-coureurs d'un suicide, s'interroger sur nos valeurs familiales contribuerait-il à contrer un tel fléau et à changer la situation? Charles Côté et Daniel Larouche croient que oui. En 2003, ces chercheurs québécois ont établi un lien direct entre le changement de mœurs et la hausse globale du taux de suicide. Le journaliste Michel Dongois de *L'actualité médicale* résume ainsi les propos de monsieur Côté: *Disons-le tout net: la Révolution tranquille a été plus meurtrière que la Révolution française! Ce qui est préoccupant, conclut le chercheur, c'est l'existence d'une sorte de machine à tuer qui se fait au fil du temps de plus en plus efficace et précise. Nous avons tous le devoir moral de l'enrayer. Mais en avons-nous seulement la volonté[40]?* Interrogé sur cette question et sur les résultats de cette recherche, le psychiatre Hubert Wallot déclare: *L'accroissement du taux de suicide est un phénomène concomitant à la désintégration de la société québécoise. [...] Les trois piliers habituels d'une société sont la famille, l'intégration sociale et la religion. [...] Le propre du Québec, c'est d'avoir tout balancé en même temps et en très peu de temps[41].* Il faut intervenir sur les causes et restaurer le tissu social, ajoute-il en substance.

Le mariage est à la baisse

Puisque le divorce est une circonstance douloureuse, certains avancent que la meilleure solution pour l'éviter est justement de ne pas se marier et de vivre en union libre. De cette façon, disent-ils, chacun peut s'en aller en douce quand rien ne va plus, sans souffrir ni faire souffrir personne. Malheureusement, ce raisonnement n'est pas réaliste, car si le processus de détachement peut sembler, de prime abord, plus simple pour les couples vivant en union libre, il reste que les conséquences d'une rupture familiale s'appliquent aussi aux séparations qu'expérimentent les conjoints non mariés[b]. Néanmoins, l'idée de l'union libre a fait son chemin, tant et si bien qu'elle est devenue la nouvelle norme au Québec, comme l'observe le démographe Louis Duchesne à partir des données du recensement de 1996 : *on peut estimer que près des deux tiers (64 %) des personnes de 25-34 ans vivent ou ont vécu en union libre. On estime que 60 % des personnes de 35-39 ans et 45 % des personnes de 40-44 ans ont connu l'union libre. C'est un comportement qui est donc devenu majoritaire chez les générations nées depuis le milieu des années 50*[42]. Cependant, en l'absence d'un engagement ferme, les unions libres sont encore plus instables que ne le sont les mariages actuellement[43].

Le mariage n'est donc plus la règle et il est clair qu'il a perdu ses lettres de noblesse. L'indice synthétique de nuptialité[c] est passé au Québec de 8,8 par 1000 habitants en 1951 à 3,2 en 1996[44], un des plus bas taux au monde. Il était encore à la baisse au Québec, à 3,03 en 2006[45].

Le célibat n'est pas la solution

En reniant les bénéfices de l'engagement matrimonial, la révolution sexuelle a aussi donné naissance à plusieurs formes de célibat. Je ne fais pas allusion ici aux personnes qui attendent le bon partenaire dans l'espoir de se marier un jour ni à celles qui ont choisi de mettre de côté leur vie sexuelle pour se consacrer à une œuvre. Je parle plutôt des adul-

---

b. Cela est vrai sur le plan psychologique et légal. Par exemple, le parlement québécois a adopté des lois reconnaissant des droits aux conjoints de fait, d'une part, et le ministère de la Justice a accéléré le processus d'audition des demandes de divorce, d'autre part. La différence de complexité juridique entre un divorce et une séparation est donc moins prononcée aujourd'hui qu'elle ne l'était autrefois.

c. L'indice synthétique de nuptialité des célibataires mesure une tendance. Il correspond à la proportion d'individus qui se marieraient au moins une fois avant leur 50ᵉ anniversaire, dans une génération qui connaîtrait les mêmes taux que ceux qu'on observe pendant une année donnée.

tes qui, sans renoncer aux relations sexuelles, refusent de former un couple, même en union libre.

Un premier groupe de ces célibataires est formé d'hommes et de femmes qui croient que le célibat est le meilleur moyen d'expérimenter une grande diversité d'expériences sexuelles et d'atteindre ainsi le bonheur. Dans cette philosophie, aucun engagement ne lie les partenaires quant à leur fidélité envers l'autre ou à leur disponibilité à son égard.

Cette manière de considérer la vie est un sous-produit de la révolution sexuelle, déclarent Steven Carter et Julia Sokol. Ces deux auteurs américains ont interviewé plusieurs de leurs compatriotes adultes vivant seuls. Ils ont acquis ainsi une bonne compréhension des nouvelles manières d'envisager le célibat. Par exemple, ils ont observé que la plupart des célibataires interrogés rapportaient plus d'inconvénients que d'avantages à leur mode de vie. *Être célibataire, c'est se tourmenter à l'idée d'avoir toujours à se déshabiller devant une personne qui vous est étrangère, c'est douter de connaître la chance de le faire un jour devant une personne familière; c'est quelquefois la solitude et le désespoir d'un lit où l'on est seul(e) avec ses hormones qui hurlent, et c'est la douloureuse frustration devant nos tentatives infructueuses de relation sexuelle avec quelqu'un qui n'en veut pas. Le célibat, c'est aussi l'anticipation frémissante et les rapports sexuels spectaculaires d'une nouvelle aventure*[46]. Ils ont noté, en outre, que plusieurs de ces adultes célibataires éprouvaient des pannes sexuelles et des difficultés professionnelles.

Si cette forme de célibat se rencontre encore de nos jours, elle a surtout fait place à d'autres types de relations amoureuses où les personnes qui s'y engagent considèrent leur situation non comme un idéal mais comme un moindre mal. Ainsi un second groupe de célibataires est formé d'adultes qui cherchent à tisser des liens tout en évitant de trop s'attacher pour ne pas être ébranlés en cas de rupture. La journaliste française Armelle Oger, qui a elle aussi enquêté sur la vie sexuelle de ses compatriotes, affirme que le célibat est une adaptation aux blessures conjugales. *Aujourd'hui, après des années de chambardement, chacun navigue un peu à vue, au coup par coup. On a l'impression qu'il faut y aller par paliers, sans excès, avec réserve, prudence. C'est l'idée du contrat à courte durée. Le célibat correspond de ce point de vue à un choix de tranquillité, par peur d'être déstabilisé*[47]. Au fond d'elles-mêmes, ces personnes recherchent l'intimité, surtout sexuelle, mais fuient les situations conflictuelles. Puisqu'elles ont particulièrement peur de l'engagement et de l'attachement, elles sont, en réalité, tiraillées entre deux désirs contradictoires. En effet, elles ne peuvent ni atteindre l'idéal d'une vie conjugale réussie ni celui d'un détachement émotionnel complet.

Enfin, pour un troisième groupe de personnes, le célibat est un moment de transition entre une rupture conjugale et une nouvelle relation. Ces célibataires vivent des aventures tout en étant à la recherche d'une nouvelle âme sœur avec qui ils aimeraient cheminer plus longtemps. Cependant, il arrive qu'ils ne rencontrent pas cette personne et qu'ils finissent par abandonner tout espoir. Ils se résignent alors à vivre seuls pour de bon.

Analysant ce type de célibataires, Carter et Sokol ont observé que ces personnes s'attachaient parfois, malgré elles, à des partenaires avec lesquels elles ne s'entendaient pas très bien. Ils expliquent que plusieurs célibataires interrogés *sont déchirés entre leurs réticences à s'engager et leur incapacité à rester émotionnellement détachés dans une relation sexuelle. [...] C'est souvent l'intimité sexuelle qui les empêche de finir cette relation dont ils savent qu'elle ne comblera jamais leurs besoins de permanence et de stabilité*[48].

La dénatalité inquiète

La dénatalité est une autre caractéristique de la crise que vit la famille depuis la révolution sexuelle. Elle touche plusieurs pays occidentaux. Au Québec, en 2005, l'indice synthétique de fécondité[d] n'était plus que de 1,51[49]. Ce phénomène inquiète d'abord les dirigeants politiques et les gens d'affaires car, à longue échéance, les adultes en âge de travailler et de payer des impôts seront de moins en moins nombreux pour soutenir financièrement les soins de santé des personnes âgées.

---

d. L'indice synthétique de fécondité est la moyenne des taux de fécondité par âge de 13 à 49 ans. Il reflète le nombre moyen d'enfants par femme ainsi que l'âge moyen des mères.

La dénatalité est avant tout structurelle, puisque plus d'adultes vivent seuls et que les célibataires ont rarement des enfants. En outre, les personnes vivant en union libre ont moins d'enfants parce qu'elles se séparent davantage ou parce qu'elles redoutent une éventuelle séparation. Au Canada, on a observé lors du recensement de 1996 que les couples légalement mariés ont, en moyenne, 3,2 enfants, alors que les couples vivant en union libre en ont 2,8. De leur côté, les familles monoparentales comptent, en moyenne, 2,6 enfants[50]. De plus, la décision d'avoir peu d'enfants fait maintenant partie de la mentalité des couples occidentaux. Dans un rapport sur la définition du mariage publié en mai 2006, la chercheuse canadienne Seana Sugrue explique que notre société tend à valoriser de plus en plus le plaisir des parents au détriment de leurs devoirs envers leurs enfants[51]. D'après elle, la recherche du confort est un objectif qui est en compétition directe avec les exigences de la reproduction. Madame Sugrue souligne que la dénatalité va affecter tous les programmes sociaux : le système de santé, mais aussi les régimes de pensions, l'assistance sociale et l'éducation. Elle redoute une baisse de la qualité de l'éducation, ce qui entraînerait un nombre croissant d'échecs scolaires et une fuite des cerveaux. Par dessus tout, elle craint que l'hédonisme des parents ne cause des carences émotionnelles chez les enfants en bas âge, ainsi qu'un appauvrissement des valeurs transmises. *Les enfants risquent de suivre l'exemple de leurs parents, pour qui il est devenu normal d'avoir des désirs fluctuants et d'être instables, narcissiques, égocentriques, assoiffés de plaisirs et irresponsables*, déclare-t-elle. En somme, l'avenir serait sombre parce que les adultes n'acceptent plus facilement de se sacrifier afin de pourvoir aux besoins physiques et émotionnels d'un enfant.

Différents spécialistes du domaine partagent l'opinion de Seana Sugrue. Par exemple, la démographe Évelyne Lapierre-Adamcyk croit, elle aussi, que le *changement profond des valeurs sociales, qui privilégient davantage l'épanouissement personnel*[52], contribue à la diminution actuelle de la fécondité. De plus, elle mentionne d'autres phénomènes rattachés à la révolution sexuelle, comme les problèmes financiers, l'instabilité des couples, l'efficacité des moyens contraceptifs et le problème d'infertilité relié aux ITS, qui entraîne la diminution de la cohorte des femmes fécondes.

La sociologue Madeleine Gauthier souligne, quant à elle, que les longues études qu'entreprennent les femmes provoquent un report du moment de fonder une famille. Or, dit-elle, *quand on a son premier enfant à 36 ans, il y a de fortes chances qu'il reste enfant unique*[53]. Enfin, Marie Rhéaume de la Fédération des unions de familles déclare que *le fait que les gens ne peuvent plus compter sur le réseau familial* joue aussi un rôle déterminant[54]. En effet, quand les enfants quittent la maison, ils vivent souvent plus loin qu'autrefois des autres membres de leur famille. C'est pourquoi les liens familiaux, déjà ébranlés par l'hédonisme de chacun, ont tendance à être coupés complètement. L'aide familiale n'est donc pas disponible pour soutenir en cas de besoin les mères ayant plusieurs enfants.

Pour ma part, je vois beaucoup de parents qui consacrent temps et énergie à leurs enfants et qui se préoccupent de leur bien-être. Toutefois, j'observe aussi un changement dans la façon dont les parents et la société perçoivent l'enfant. La rareté des enfants fait en sorte qu'on exige plus de chacun d'eux. Certains sont victimes des ambitions parentales. Également, un parent délaissé peut considérer son enfant comme son confident ou son soutien émotionnel, une situation anormale qui peut perturber ce dernier.

Avons-nous créé une culture inféconde?

Serions-nous en train de créer une culture de la stérilité? Non seulement la venue d'un enfant représente un fardeau pour les raisons sociales et culturelles énumérées ci-dessus, mais nos corps semblent de moins en moins capables de se reproduire. En effet, les ITS, conséquences directes de la révolution sexuelle, sont la première cause d'infertilité involontaire, tandis que les techniques de stérilisation agressive comme la ligature tubaire et la vasectomie sont de plus en plus utilisées par des jeunes couples.

Sur un autre plan, notre esprit est affecté par des phénomènes psychologiques entraînant l'infécondité. Par exemple, les difficultés qu'ont les parents entre eux et avec leurs enfants découragent d'autres adultes de se lancer dans l'aventure parentale. De même, à l'école, les thèmes de la famille et du couple semblent avoir été évacués de l'éducation sexuelle. À cause du délicat phénomène de l'avortement, plusieurs professeurs de biologie n'osent plus porter un regard positif sur l'enfant à naître. Il semble donc que nous ayons perdu le désir de communiquer l'envie d'avoir des enfants.

Et que dire de l'impact de l'enseignement actuel de la sexualité? Depuis la révolution sexuelle, nous éduquons les jeunes en fonction de leurs besoins immédiats de contraception. Or, si la révolution sexuelle nous a obligés à contrôler la conception chez les adolescentes, elle a eu aussi pour effet de leur transmettre la phobie de la grossesse. Bien que cette peur soit justifiée à l'adolescence, elle ne devrait plus l'être à l'âge adulte. Cependant, ayant été inscrite dans le processus éducatif, je pense qu'une crainte plus ou moins consciente de la gestation demeure à l'âge adulte. Il serait intéressant de mesurer scientifiquement ce changement survenu dans les consciences et qui a pour effet de modifier notre façon de percevoir la vie humaine et de limiter notre désir de mettre au monde des enfants.

En attendant de telles recherches, je persiste à croire que nous nourrissons un contexte qui communique aux jeunes l'idée que l'enfant dérange. Et je crois, comme beaucoup d'auteurs, que toute société qui détruit le désir de procréer est vouée à l'extinction. Pendant que des politiciens essaient de faire reconnaître le peuple québécois comme une nation, les données démographiques confirment que nous assistons présentement à son lent dépérissement. J'espère qu'il est encore temps d'éviter la réalisation de cette loi sociale qu'exprime Denis Arcand dans *Le déclin de l'empire américain*: aucune société ne peut survivre au relâchement des mœurs et à la désintégration de la famille. Nous devons comprendre que si la façon dont nous vivons notre sexualité peut affecter notre santé physique, elle peut aussi ruiner notre vie familiale et, du coup, miner notre bonheur et entraîner la destruction de la société.

En quête de valeurs

3

Des valeurs solides

Quand je soigne une personne en tant que médecin, je dois tenir compte de ses valeurs et les respecter. Cependant, j'ai observé des valeurs gagnantes et d'autres qui favorisent l'éclosion de différents problèmes. Aussi une partie de mon travail consiste-t-elle à éduquer mes patients et à les orienter vers des comportements plus sains. Cette démarche m'a amené à réfléchir aux principes qui servent de référence à notre mode de vie.

J'ai même décidé de pousser un peu plus loin mon implication sociale en militant pour des valeurs susceptibles de préserver la famille et la santé sexuelle des individus. C'est ce que je fais comme éducateur sexuel lorsque je recommande l'abstinence en dehors d'un engagement amoureux à long terme et que je prône la fidélité durant le mariage. Les recherches que j'ai faites en écrivant un premier livre[a] m'ont convaincu que la chasteté est un style de vie agréable et réalisable et qu'il est raisonnable de suggérer cette philosophie à la population pour des raisons de santé et de bien-être global.

Nous allons aborder la notion des valeurs surtout du point de vue de la pensée, car il est ardu de faire des recherches scientifiques sur des données difficilement quantifiables. De plus, bien qu'il existe des valeurs morales

---

a. *Douze questions à se poser avant de faire l'amour*, Longueuil, Éditions Ministères Multilingues, 2003, 255 p.

43

universelles, les résultats d'enquêtes faites à l'étranger sur les sujets liés aux valeurs ne reflètent qu'en partie la réalité de notre culture. Par exemple, nous ne pouvons pas toujours importer des données sur le comportement des Américains, des Français, des Scandinaves ou même des Canadiens anglais et les appliquer aux Québécois. Comme l'a dit Jean-Paul Sartre, les valeurs d'une société reflètent sa structure. Chaque peuple doit donc se demander quelles sont ses valeurs et comment elles influencent les individus qui le composent ainsi que les institutions qui lui sont propres.

Le Québec, une société distincte

Sous plusieurs aspects, la société québécoise est américanisée, en particulier sous ceux de la consommation et du comportement sexuel. Dans le domaine linguistique et culturel, toutefois, elle a ses racines en France, tandis que sur le plan politique et structurel, elle lorgne vers des modèles socialistes à l'européenne, tels ceux des pays scandinaves. Enfin, au point de vue religieux, elle est passée d'une emprise catholique rigoureuse à une société sécularisée libérale. Le multiculturalisme a aussi transformé nos habitudes et notre vision du monde. Toutes ces influences nous modèlent.

La révolution sexuelle a été très marquée au Québec. Elle a été accompagnée d'une remise en question des valeurs collectives et de changements politiques, religieux et sociaux sans précédent. Depuis le début du troisième millénaire, cependant, plusieurs personnes s'interrogent sur les conséquences de l'ensemble de ces bouleversements, que les sociologues ont nommé la « révolution tranquille ». *Lorsqu'une vision du monde s'écroule, et avant que la suivante ait eu le temps de se mettre en place, on se pose des questions sur nos valeurs*, déclare Wajdi Mouawad, dramaturge et romancier montréalais[55]. Je crois donc que nous entrons de nouveau dans une période charnière de notre histoire, phénomène qui ne s'est pas vu depuis les années 1960.

Un phénomène générationnel

En plus d'être façonnées par l'environnement social, les valeurs sont modelées par chaque génération. Ainsi, en définissant leur identité, les adolescents décident, génération après génération, s'ils adopteront ou délaisseront les principes de leurs parents. Au Québec, les enfants nés après la Deuxième Guerre mondiale, les baby-boomers, sont les grands responsables de la révolution tranquille. Ils ont rejeté l'autorité en général, mais surtout celle de l'Église catholique. Ils se sont affairés à réformer le système social, en démocratisant les institutions et en se dotant d'outils d'éducation et de santé universels. Ce grand remue-ménage a été propice aux révolutions sexuelle et féministe.

Les baby-boomers insistaient sur la solidarité collective ainsi que sur les droits individuels et la paix mondiale. Mais en même temps, ils rêvaient de prospérité. Or, les impératifs économiques sont souvent différents des idéaux sociaux. C'est pourquoi notre société, tout en essayant de concilier ces deux aspirations, oscille constamment depuis des années entre ses idéaux communautaires et les voies du matérialisme.

La génération *X*, née entre 1964 et 1974, a succédé à celle des baby-boomers. Elle ne s'est pas opposée aux valeurs en place d'une manière aussi marquée que ses prédécesseurs l'ont fait à leur époque. En réalité, on observe que les gens qui appartiennent à ce groupe ont des principes beaucoup plus traditionnels que leur mère ou leur père[56]. Ceci s'explique sans doute par le contexte dans lequel ils ont grandi et où ils ont souffert du divorce de leurs parents. De plus, ils n'ont pas tant eu à se battre pour défendre leurs idées que pour se faire une place dans l'économie. Ils ont donc été animés – on le comprend – par l'ambition du bonheur familial et de la réussite personnelle, ce qui a favorisé l'émergence du *cocooning*, style de vie individualiste et matérialiste où la famille se replie sur elle-même, dans le confort du cocon familial.

Les personnes nées de la fin des années 1970 jusqu'à la moitié des années 1990 forment la génération *Y*. Selon Alain Giguère, président de la maison de sondage CROP[57], les *Y* ont fait resurgir des valeurs plus libérales, tolérant à peu près tout, du mariage gai à l'avortement, en passant par la prêtrise des femmes. Richard Cloutier, chercheur et professeur de psychologie à l'Université Laval, explique, quant à lui, que la légalisation de la marijuana, l'assistance sociale prolongée et le port de vêtements religieux dans les lieux publics semblent être les seuls domaines à ne pas faire l'unanimité parmi ce groupe[58].

Même s'ils constituent une cohorte plus importante que la génération qui les a précédés, les *Y* n'ont pas peur du chômage, puisque les baby-boomers seront bientôt à la retraite. Ils peuvent donc se permettre de prôner des valeurs sociales. En effet, le dévouement est *une valeur qui rallie 97 % des jeunes* d'aujourd'hui[59]. Je me demande, cependant, comment cela va se concrétiser, car cette génération est déjà très influencée par le matérialisme environnant. Elle veut des produits à la carte, des vêtements sur mesure et des voitures modifiées. Comme le souligne Jacques Nantel, professeur et détenteur de la chaire RBC en commerce électronique, ce sont là *autant d'exemples de l'individualisme des membres de la génération montante*[60]. De même, un sondage effectué en 2004 auprès d'adolescents de 15 à 18 ans a révélé que *réussir sa carrière est une valeur importante pour 97 % des répondants. La réussite sociale (90 %) et l'argent (76 %) aussi*[61].

Cette dérive matérialiste inquiète. Par exemple, le communicateur Daniel Pinard déclare : *Cela n'a aucun sens de dire aux enfants : vous vous réalisez en portant les vêtements faits par tel ou tel designer et votre existence s'arrête là*[62]*!* D'ailleurs, six jeunes de 16 à 28 ans longuement interviewés en 2002 reconnaissaient que le matérialisme et l'individualisme les rattrapaient, même s'ils auraient voulu que ces tendances prennent moins de place dans leur vie[63]. Ces jeunes *Y* cherchaient, cependant, à mettre de l'avant des valeurs comme le respect de soi et des autres, l'accomplissement personnel, la liberté, l'honnêteté, l'amitié et la vie en famille. Reste à savoir si l'individualisme et le matérialisme sont des fatalités qui marqueront les générations à venir. Sylvie Halpern, journaliste qui a réfléchi à la question des valeurs, croit pour sa part que la solidarité triomphera. Elle observe la montée d'une certaine résistance au *gaspillage, [...] à la consommation à outrance.* Elle constate aussi *une quête de sens et de spiritualité*[64]. Selon elle, même le phénomène Internet pourrait signifier que les jeunes cherchent à *tisser des réseaux d'information et de solidarité*, ce qui serait une résistance à l'*ego-trip* de la génération antérieure. Elle croit que le grand dilemme auquel se heurtent aujourd'hui les 20 à 25 ans est de savoir ce qu'ils vont faire de la liberté acquise par les baby-boomers.

Les valeurs et l'éducation sexuelle

Je crois que les valeurs matérialistes environnantes ont une influence sur notre perception de la sexualité. Plusieurs spécialistes du domaine dénoncent la mentalité de consommation et de performance qui vide maintenant le sexe de tout son sens. Ils reconnaissent que l'éducation sexuelle est plus qu'une question de physiologie du cycle menstruel, de protection des agressions sexuelles, de mécanique de l'orgasme, de contraception ou de protection contre les ITS. La notion de valeurs est donc remise à l'ordre du jour, parce que les valeurs ont justement pour rôle de donner un sens à tout ce que nous faisons et de nous fournir des limites protectrices.

En 2003, sous la direction de la sexologue Francine Duquet, une équipe de spécialistes a rédigé un document expliquant la réforme de l'enseignement de la sexualité mise de l'avant par le ministère de l'Éducation du Québec. On peut lire dans ce rapport que *la sexualité humaine est multidimensionnelle: elle implique les aspects affectifs par l'entremise des attitudes, des valeurs, des sentiments que l'on éprouve à l'égard de soi et d'autrui; elle se nourrit de connaissances, de façons de penser et de conceptions diverses. Elle repose sur la biologie, mais elle est largement tributaire de la société dans laquelle une personne évolue et qui influe sur la culture, les rapports entre groupes et entre individus, les aspects moraux et spirituels*[65].

De même, la sexologue Jocelyne Robert déclare que le vide laissé par l'absence de valeurs morales a été rempli par une norme axée sur la performance, l'exploit et l'instrumentation. Dès lors, elle propose elle aussi un retour aux valeurs. *Quels que soient les principes auxquels on adhère*, dit-elle, *on a besoin de s'appuyer sur des valeurs, d'y asseoir notre compréhension du monde, notre vision de la société et notre finalité existentielle, incluant l'intention érotique. Les valeurs ne sont pas obsolètes. Elles sont le levier des projets de société et figurent au cœur des quêtes personnelles. Sans elles, c'est le vacuum et l'absurde*[66].

De nombreux points communs

Les gens ont tendance à croire que le discours des défenseurs de la chasteté est à l'extrême opposé de celui de la plupart des éducateurs sexuels. Pourtant, au cours de mes parutions dans les médias et lors de conversations privées, j'ai eu plusieurs fois l'occasion d'appuyer l'opinion d'autrui et d'être moi-même appuyé dans ce que je disais. Par exemple, à la fin de l'émission télévisée *Sexe et confidences*, l'animatrice Louise-Andrée Saulnier était d'accord avec moi sur le fait que les Québécois sont allés trop loin dans l'élan de la révolution sexuelle. Elle a d'ailleurs conclu l'émission en disant : *Je trouve que vous avez là une bonne réflexion pour les Québécois et Québécoises parce qu'il est temps que ce peuple-là se prenne en main et qu'on arrive à faire quelque chose, à repenser les valeurs*[67]. De même, lors d'un interview pour le *Journal de Montréal* auquel nous participions tous les deux, la sexologue Sylvie Lavallée a été surprise de voir à quel point ses conclusions étaient similaires aux miennes, même si le journaliste qui nous interrogeait avait pour mandat de provoquer un débat et de présenter des idées antagonistes[68].

Dans la foulée de la réflexion entreprise sur la sexualité, plusieurs valeurs rattachées à la chasteté sont donc redécouvertes. Même les éducateurs qui ne prônent pas la chasteté comme telle diront que la distance et non l'accès instantané à la gratification accroît le désir et que la pudeur est une vertu spécifiquement humaine qui n'enlève rien au désir. La plupart des intervenants croient qu'il faut combattre le sexe de consommation pour aborder la sexualité sous l'angle de l'intimité, que l'éducation sexuelle va de pair avec la dimension affective et relationnelle. Les éducateurs scolaires disent maintenant que l'élève doit être amené à reconnaître les messages sexistes, stéréotypés ou violents et à saisir l'écart entre la réalité et sa représentation virtuelle ou fictive.

Certains propos de cette nouvelle réflexion sont des flèches tirées au cœur même des préceptes de la révolution sexuelle. Par exemple, des intervenants déclarent que nous devons rompre avec l'idée saugrenue que nous pouvons toujours rester jeunes. Nous devons saisir que l'érotisme est plus que la génitalité et qu'il se porte mieux dans le contexte de la relation amoureuse. Nous devons abandonner l'idée que l'orgasme crée le bonheur, que le plaisir érotique disparaît avec l'attachement, que la vie érotique est statique et que nous avons des profils préétablis qui risquent de nous empêcher d'être sexuellement compatibles avec notre partenaire.

On admet désormais que l'amour ne doit pas être séparé du désir ni chez l'homme ni chez la femme, car ils sont tous deux des êtres hautement évolués, que le bonheur découle de l'assouvissement d'un besoin relationnel, que la fidélité et l'engagement communiquent aux individus qui composent le couple l'idée qu'ils sont choisis, désirés et qu'ils sont uniques et importants.

Certes, le fait que notre comportement sexuel doive dorénavant s'appuyer sur des principes solides semble faire le consensus. Je me demande, toutefois, jusqu'à quel point nous sommes prêts à remettre en question le fondement même de la révolution sexuelle. À mon avis, l'insatisfaction actuelle face à la dérive du sexe n'a pas encore conduit à l'adoption de valeurs cohérentes. Si nous voulons que les valeurs protégeant l'intimité et favorisant la stabilité du couple se répandent, nous devons d'abord faire table rase des données libertaires en place.

En effet, certains postulats de la révolution sexuelle qui ont conduit à la présente situation ne sont pas débusqués. Il me semble que le nouveau discours propose uniquement des ajustements à l'ensemble référentiel existant sans adopter des principes qui établiraient une nouvelle base. Je crois donc que la réflexion actuelle ne va pas suffisamment en profondeur. Nous devons éviter les compromis dangereux.

Et la chasteté dans tout cela ?

Le discours actuel de la chasteté présente ce nouveau fondement dont notre société a besoin. Il est très différent de celui qui alimentait le régime de la peur des années 1920, où les relations sexuelles étaient considérées comme quelque chose de honteux. Il se distingue aussi de la réaction libertine des années 1960, qui a conduit à la banalisation du sexe et au rejet de toute notion du bien et du mal. Il définit clairement les concepts de fidélité et d'engagement. Il propose une construction logique et cohérente de l'être humain et de la relation amoureuse.

La promotion de la chasteté ne vise pas à suggérer simplement des recettes gagnantes comme l'abstinence en dehors du mariage. Elle décrit pourquoi le mariage est si important et comment le vivre pour réussir en

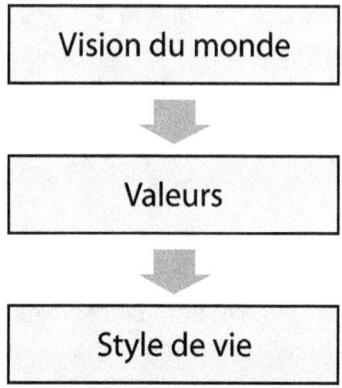

Figure 2: *L'origine et la conséquence des valeurs*

amour. Elle explique comment la communication et l'intimité favorisent l'érotisme et l'harmonie dans une union conjugale. De plus, elle fournit la perception du monde, de l'être humain et de Dieu dans laquelle ces valeurs doivent s'inscrire.

Comme le montre la figure 2, une vision du monde soutient des principes qui, à leur tour, permettent d'articuler un mode de vie cohérent, qui s'implante à l'adolescence et s'enracine à l'âge adulte. Les valeurs sont désuètes lorsqu'elles sont détachées, d'une part, de notre conception du monde et, d'autre part, de notre quotidien. Pour vivre d'une manière intègre, nous devons accepter que notre pensée soit remodelée et que cette transformation englobe toutes les facettes de la vie: du corps à l'esprit et de l'individu à la communauté. Nous avons besoin de valeurs claires qui donnent un sens et une direction au vécu sexuel. Ce que nous faisons doit refléter ce que nous pensons. Il ne suffit plus, comme à l'époque de la révolution sexuelle, que des valeurs nous donnent un vague sentiment d'euphorie parce que nous rêverions d'un paradis sexuel. Si nous voulons un changement véritable de notre agir sexuel, nous devons rechercher une nouvelle éthique de la sexualité et une nouvelle vision du monde.

Un jour, je me suis rendu dans la ville de Québec pour enregistrer une émission de télé. J'étais accompagné de deux jeunes célibataires qui pratiquaient la chasteté. Après l'enregistrement, la jeune femme qui nous avait accueillis est venue nous voir. Elle était très étonnée. « Eh bien! si j'avais entendu parler de cela plus tôt, je crois bien que j'aurais choisi l'abstinence moi aussi! », nous a-t-elle dit avec sincérité. Pourquoi la chasteté l'avait-elle interpellée à ce point? Parce que cette valeur représente une véritable révolution. Notre charmante hôtesse percevait que le fait de se garder vierge pour la personne que nous épouserons est la plus grande preuve qu'elle a de la valeur à nos yeux. Elle saisissait aussi que la pratique de la chasteté démontre une détermination à rester fidèle à son ou à sa partenaire.

Ce cri du cœur à une norme salutaire pour la famille pourrait-il aussi unir les intervenants du milieu? J'aimerais que la chasteté soit présentée comme une valeur positive permettant de rallier les forces plutôt que de les diviser. Il est temps de construire un discours rassembleur et de réfléchir en profondeur aux valeurs et aux règles que nous pourrions intérioriser. Le discours que je propose rejoint les préoccupations du corps médical en offrant l'abstinence comme moyen de contrôle des ITS et des grossesses non désirées. Il répond aux attentes des sexologues en réintroduisant le signifiant dans la sexualité et en présentant l'expérience érotique dans le contexte de l'intimité et de l'exclusivité. Il tient compte, de plus, de l'aspect moral et spirituel de la sexualité. La chasteté construit ses assises dans une vision intégrale du monde. Elle pose les questions fondamentales de la vie et de la mort, du bien et du mal, des responsabilités et des plaisirs individuels et collectifs ainsi que du sens même de l'existence humaine.

Nous reparlerons un peu plus loin des différentes visions du monde qui accompagnent les valeurs individuelles ou collectives. Toutefois, avant d'explorer ce domaine, nous examinerons dans le prochain chapitre des exemples concrets qui caractérisent le nouveau discours sur les valeurs afin de saisir l'importance d'une réforme en profondeur.

4
Des valeurs pour le couple

Comme nous l'avons vu précédemment, plusieurs valeurs sont liées à la sexualité et ont une influence directe sur le couple et la famille. À cause justement de l'effet qu'elles ont sur notre vie, elles méritent que nous leur portions une attention particulière.

La fidélité : un élément fondamental

Plusieurs intervenants redécouvrent à l'heure actuelle l'importance de la relation amoureuse, de l'engagement et de la fidélité. Toutefois, un certain brouillard persiste dans leurs propos. Par exemple, la sexologue Jocelyne Robert dit qu'il faut avoir le goût de la fidélité, que ce n'est pas un devoir et que chaque couple devrait déterminer les limites de sa fidélité. *À mes yeux*, dit-elle, *la fidélité amoureuse consiste à réserver exclusivement à l'élu certaines sphères de sa vie. Le lit en est une parmi d'autres sur le territoire consacré. [...] C'est au couple qu'il revient de sceller le pacte amoureux par une entente quant à sa « gestion » de la fidélité, entente par laquelle on précise les domaines réservés*[69].

Ainsi, selon madame Robert, la fidélité consiste simplement à respecter le contrat qu'on s'est fixé. Nous pouvons donc déduire de sa définition que les aventures extraconjugales ne sont pas de l'infidélité si l'entente entre les deux partenaires ne prévoit pas l'exclusivité sexuelle. Cependant, peut-on décider que certaines sphères de la vie sont exclues du pacte de fidélité qui unit deux personnes sans mettre leur couple en péril ? À mon avis, non.

Je ne crois pas que nous puissions définir la fidélité à la carte. La fidélité doit être absolue. Pas de domaines exclus, pas de moments où nous avons une excuse! Elle doit être réciproque. « Je » suis à « toi », « tu » es à « moi », et nous ne sommes à personne d'autre. Nous n'acceptons pas qu'une tierce personne intervienne dans notre idylle amoureuse, ni en pensée, ni en acte, ni en naviguant dans Internet, ni en flirtant à gauche et à droite. C'est pourquoi il est absurde de croire, par exemple, que des conjoints peuvent aller faire un tour au club échangiste sans vivre des tensions. Chaque personne a besoin de sentir qu'elle est irremplaçable et que sa valeur est grande aux yeux de l'autre. D'ailleurs, considérez les couples qu'on disait « ouverts » dans les années 1960. Ils n'ont pas duré, et cela même si les deux partenaires étaient consentants au départ.

La fidélité n'est pas une valeur relative. Ce n'est pas quelque chose que nous pratiquons uniquement si nous en avons envie. C'est précisément lorsque le désir nous porte vers une aventure extraconjugale que la fidélité est essentielle. C'est dans l'épreuve que ce principe est utile en tant que garant de l'amour de deux êtres qui veulent se donner l'un à l'autre. Résister à mes sentiments du moment me permettra de faire durer la relation que j'ai choisie de vivre en compagnie d'une personne privilégiée. Qu'on ne me sorte surtout pas l'excuse « Ce n'était pas sérieux, seulement une aventure... C'est toi que j'aime, et bla-bla-bla. »

De plus, je pense que la fidélité ne se limite pas à la sexualité. Un vrai couple devrait être uni dans toutes les sphères de la vie, à toutes les époques de sa vie. Un ami fidèle ne nous abandonne pas lorsque cela va mal. C'est d'ailleurs à ce signe que nous reconnaissons nos vrais amis. Il en va de même pour notre relation avec notre partenaire. Le véritable amour n'utilise pas l'autre personne pour la rejeter lorsqu'elle est défraîchie. Il ne veut pas seulement recevoir. Il cherche aussi à donner et à se sacrifier. Ce principe n'a rien de morbide. Il repose sur la compréhension juste du sens et de la valeur de l'amour. Même si le don de soi est héroïque par moment, il est aussi essentiel à la fidélité que l'écorce l'est à l'arbre, car le couple doit s'unir pour le meilleur et pour le pire. Il doit résister dans les tempêtes et travailler constamment pour maintenir la bonne entente.

Bien sûr, l'idée de succomber à l'infidélité peut sembler séduisante parfois. Je comprends également que l'image de ces mariages malheureux où la fidélité est perçue comme un devoir pénible puisse être repoussante. Toutefois, ce n'est pas en changeant la définition de la fidélité que nous formerons des couples plus heureux. De plus, si nous voulons éviter d'avoir un mariage malheureux, nous devons saisir que cette valeur est une responsabilité qui découle du privilège de l'amour et, par conséquent, que nous devons tout faire pour stimuler chez notre partenaire le désir de vivre avec nous en accordant une grande importance à notre relation amoureuse.

Sans une définition claire et absolue du concept de fidélité, toute réforme de notre éthique sexuelle est minée à la base. Seule la véritable fidélité peut sauver le couple. Le fait que des valeurs obtiennent le consensus des deux partenaires ne suffit donc pas; elles doivent, de plus, être efficaces et protectrices.

Le respect

Dans notre société, le respect est une autre valeur mal comprise. Qu'évoque ce mot pour nous? Le respect est-il une manière de brandir ses droits ou ses désirs? « Respecte-moi! Je veux… Je te veux... » Cette façon de voir est certainement très immature. En effet, la notion de respect est bien plus large que le fait de se respecter soi-même et d'exiger que l'autre nous respecte. Elle doit être tournée vers les autres aussi.

Pour apprendre aux adolescents à se respecter et à respecter les autres, les éducateurs sexuels associent la notion de respect à celle de consentement. « Je te respecte si je ne te force pas à combler mes désirs », et vice-versa. Toutefois, le respect de la volonté du partenaire n'est, une fois de plus, qu'une petite partie de la responsabilité rattachée à cette valeur. Selon moi, le respect véritable tient compte des intérêts supérieurs et de la protection de toutes les personnes concernées. Cette définition va beaucoup plus loin que l'idée du consentement et, parfois, la contredit même. Par exemple, si deux personnes consentent à se suicider ensemble, qui oserait dire que leur accord est une preuve de respect?

En plus d'être consentants, les partenaires doivent penser aux conséquences de leurs gestes. Ainsi comment avoir un rapport sexuel peut-il être une démonstration d'amour ou de respect si cet acte risque de blesser l'autre? En dehors de l'engagement à long terme que représente le mariage, les relations sexuelles comportent des risques. Les plus connus sont les ITS et les grossesses. Plusieurs croient que l'avortement est la solution à cette dernière situation. Mais que penser de la culpabilité qui en découle? D'autres phénomènes sont aussi rapportés. Par exemple, des sondages démontrent que les adolescents qui ont des relations sexuelles sont souvent déçus[70]. Plusieurs regrettent la perte de leur virginité. Également, les personnes qui ont eu différents partenaires vivent parfois des tensions dans leur couple à cause des comparaisons avec d'anciens amants ou d'anciennes amantes.

Les rapports sexuels consentis peuvent aussi blesser une tierce personne. Un homme ou une femme adultère peut faire souffrir profondément son conjoint. Si une grossesse non désirée survient à l'adolescence et que la jeune mère garde l'enfant, qu'adviendrait-il d'eux à long terme? Cette idée que tout est réglé si deux personnes sont consentantes démontre donc à quel point nous ne réfléchissons pas en profondeur lorsque nous faisons la promotion de certaines valeurs.

Le respect est une valeur importante parce qu'il rend possible l'exercice de la liberté relative de chacun à l'intérieur d'un cadre qui permet l'acquisition de comportements en tenant compte des conséquences des gestes des deux partenaires. Le fait de se marier vierge fait sourire la majorité des gens. Pourtant, c'est la plus belle preuve de respect envers soi-même, envers la personne qui sera choisie à long terme et envers d'éventuels enfants découlant de cette union.

Nous devons réapprendre le respect et inciter les jeunes à chercher l'homme ou la femme avec qui ils voudront passer toute leur vie. Nous devons aussi redonner espoir à ceux et à celles qui ont été blessés par des comportements issus de la révolution sexuelle. Certaines conséquences sont irrémédiables. Cependant, il n'est jamais trop tard pour adopter et transmettre de bonnes valeurs.

Le mariage et l'engagement

S'il y a un tabou qui persiste de nos jours, c'est bien celui du mariage. La révolution sexuelle ayant eu pour objectif de détruire cette institution, il y a aujourd'hui peu de personnes pour affirmer les vertus de l'engagement matrimonial. Pourtant, de nombreuses recherches révèlent les effets bénéfiques du mariage par rapport à l'union libre et au célibat. Devant ces faits, certains auteurs recommencent à dire que la complicité et une bonne communication menant à une intimité profonde stimulent l'érotisme et que ces deux éléments ne peuvent survenir qu'à l'intérieur d'une relation fidèle et durable. Toutefois, bien que ces penseurs parlent d'engagement ferme et stable, ils n'osent pas encore prononcer le mot « mariage ». À l'heure où nous n'avons aucune difficulté à utiliser sans détour le vocabulaire sexologique, il semble que le fait de nommer un mariage un « mariage » soit devenu un exercice périlleux et exténuant! Par quel phénomène avons-nous honte de parler du mariage? N'est-ce pas parce qu'il souffre d'une mauvaise image et est entaché de fausses conceptions héritées de la révolution sexuelle?

Il y a ici plus qu'une simple question de vocabulaire. L'enjeu est la perte des valeurs qui entourent le mariage. Outre l'exclusivité, l'union conjugale véhicule des notions importantes : la mémoire des vœux, le témoignage public, l'occasion de réjouissances, le contrat d'alliance, la rencontre des familles, la clarté de la filiation. Et que dire de l'engagement à persévérer malgré les épreuves et à partager chaque jour les mille petits plaisirs de la vie sur lesquels se construit l'intimité? Que dire de la satisfaction de voir s'accroître un patrimoine familial commun? C'est ici que nous saisissons toute l'importance de ce rite fondamental qui a été pratiqué depuis des siècles, en divers lieux et par différents types de sociétés humaines. Sans les balises du mariage, les adultes pensent de nos jours pouvoir vivre d'éternelles fréquentations.

La liberté

Je pense qu'un certain concept de la liberté altère notre interprétation de la notion d'engagement. La vraie liberté ne consiste pas à garder toutes les portes ouvertes devant soi. Elle ne signifie pas non plus donner libre cours à chacun de ses désirs. Ces idées conduisent à la fuite des responsabilités et à la paralysie de toute action durable. En amour, cette manière de voir la liberté fait de nous des girouettes ballotées par nos émotions du moment. Ceux et celles qui connaissent le moindrement l'être humain savent à quel point il s'emballe vite lorsqu'il voit de belles choses ou de belles personnes.

Les gens chastes ont précisément pour objectif de maîtriser leurs passions et de laisser redescendre la pression que provoquent en elles les désirs qui ne concordent pas avec leur projet de vie. Lorsque la volonté est déterminée à poursuivre son but premier, un processus de détachement est enclenché. La majorité des couples fidèles témoigne qu'à la suite de tels efforts, l'amour et le désir pour leur partenaire redeviennent aussi forts qu'avant. N'est-ce pas merveilleux? Il est donc très important de comprendre que les désirs occasionnels font partie de notre nature et qu'ils peuvent être combattus. Nous devons saisir que la vraie liberté est de pouvoir poursuivre des objectifs en assumant les conséquences de nos choix. Pourquoi, en effet, les rêves que nous poursuivons devraient-ils être brisés à chaque soubresaut de notre libido?

L'analogie avec la vie économique nous aidera à saisir davantage l'importance d'exercer notre liberté en nous engageant. Les êtres humains sont faits pour travailler ensemble. Pour créer et construire, on commence par définir les composantes. Ainsi on fonde des entreprises qui ont une vision, une mission, une assise juridique, un siège social et une structure hiérarchique. On définit les tâches et on cultive l'esprit de coopération. On prépare aussi un plan, on recherche des capitaux et on rédige des contrats. Sans alliance et sans entente à respecter ses engagements, il est impossible d'accomplir des projets d'envergure.

Il faut du cran pour innover, foncer, construire, décider et signer des contrats. L'engagement n'est pas la mort de la liberté, mais le plein exercice de celle-ci. Chaque décision que nous prenons est un aiguillage qui influencera les possibilités futures, c'est vrai. Cependant, si nous refusons de choisir, nous refusons d'avancer et de vivre. La nécessité d'un engagement durable est un principe tout aussi vrai pour notre vie amoureuse que pour le monde des affaires. Le mariage est une alliance déterminée par l'amour ainsi que par la compatibilité des personnalités et des idéaux des individus qui le composent. La vraie liberté, c'est le pouvoir de choisir un ou une partenaire et de réaliser avec cette personne un projet de vie commun.

Je crois donc que cette nouvelle éthique de la sexualité qu'est la chasteté est le chemin vers une véritable liberté sexuelle. Maintenant que la révolution sexuelle nous a affranchis de la peur de la sexualité, l'achèvement de cette révolution consiste à acquérir la sagesse nécessaire pour vivre comme des êtres sexués capables de choisir et d'être en relation avec l'autre. Tel est le sens de la liberté. Pour y arriver, nous devons gérer nos pulsions afin d'établir un cadre propice à des vies épanouies autant dans l'organisation familiale et économique que dans la vie amoureuse et sexuelle. Savoir attendre pour s'engager avec la bonne personne est l'éthique de l'avenir. J'espère qu'un jour, les jeunes et les adultes célibataires seront fiers de dire « Moi, j'attends! » et que les adultes vivant une relation conjugale proclameront « Moi, je travaille à notre bonheur ».

Le bonheur

Le mariage est un projet de vie. Il n'est pas le paradis, pas plus d'ailleurs qu'il n'est une prison. C'est un jardin que nous devons cultiver tous les jours. En effet, le bonheur conjugal est un idéal à poursuivre constamment. Il se construit, et il se garde comme on protège une forteresse des attaques de l'ennemi. Sans cette quête, nous ne saurions rester amoureux longtemps ni accéder à la réconciliation perpétuelle des cœurs.

La conception erronée du bonheur qui consiste à se laisser vivre a des conséquences fâcheuses. Connaissez-vous la notion d'enthalpie? Les réactions chimiques naturelles font que la matière tend à se décomposer vers sa forme de moindre énergie. Les maisons pourrissent, le fer rouille et, après la vie, notre corps retourne à la poussière. Par contre, les corps vivants travaillent sans cesse pour maintenir des formes énergétiques plus élevées. Par analogie, nous pouvons dire que si nous ne faisons aucun effort, les comptes s'accumulent, les conflits conjugaux et les problèmes aussi. La vie est une bataille!

À moins que les partenaires n'y veillent, toute relation conjugale risque de devenir morne à la longue. C'est pourquoi la passion doit être sans cesse cultivée. Et nous avons des moyens à notre disposition pour le faire, dont l'admiration portée à l'autre, à ce qu'il est et à ce qu'il fait. Cette idée que la passion nous tombe dessus et repart comme elle est venue reflète une grande passivité. Elle surgit peut-être parfois soudainement, mais nous devons être conscients de notre responsabilité à l'égard de notre bonheur et de la relation amoureuse que nous vivons. Comme le dit le Petit Prince, nous sommes responsables de la fleur que nous aimons.

La persévérance et l'intimité

Beaucoup de personnes vivent plus d'une rupture. Ainsi des chercheurs canadiens ont évalué qu'au cours des années 1980, environ 75 % des femmes et 80 % des hommes divorcés se sont remariés. Or, 47 % de ces seconds mariages se sont terminés par un deuxième divorce, qui a blessé de nouveau des adultes et des enfants[71].

Bien des adultes n'apprennent jamais comment réussir leur vie à deux, tandis que d'autres l'apprennent très tard. Pourquoi? Serait-ce parce que nous ne savons plus regarder en nous-mêmes pour y trouver la source du problème? Serait-ce parce que nous sommes encore influencés par les thèses de la révolution sexuelle? À l'époque, Joe Dassin chantait: *On s'est aimés comme on se quitte, tout simplement sans penser à demain, à demain qui vient toujours un peu trop vite, aux adieux qui quelquefois se passent un peu trop bien.* Cette chanson reflète bien l'héritage que nous a laissé cette révolution: il est normal, voire banal et facile, de se laisser lorsque la relation vit des soubresauts.

Je ne nie nullement les difficultés que peuvent éprouver les couples. Et je comprends fort bien la souffrance qui découle d'une union imparfaite. Je saisis aussi l'ampleur des embûches qui menacent le bonheur conjugal. Par exemple, les relations brisées entre les hommes et les femmes ont créé des discours antagonistes. Certains d'entre nous avons hérité de mauvaises habitudes et de fausses conceptions vis-à-vis de l'autre sexe. De plus, les blessures personnelles que nous avons subies dans notre enfance ont laissé des marques. Une des conséquences de ces blessures est que nous cherchons à nous protéger en refusant d'être transparents.

Or, la vie conjugale nous plonge dans une relation si intime qu'elle dévoile qui nous sommes vraiment. Plusieurs d'entre nous ressentons un malaise face à cette intimité. Aussi, plutôt que de nous laisser découvrir, préférons-nous maintenir la communication à un niveau superficiel et refouler certaines émotions. Nous déformons de plus les messages de notre partenaire. Parfois, tout explose, et nous nous défoulons alors. Bref, la réalité est bien différente de celle d'un roman d'amour. Nous vivons dans un monde imparfait et nous sommes des êtres blessés qui blessent souvent à leur tour les personnes qui nous entourent.

Cependant, toutes ces raisons sont-elles suffisantes pour que nous baissions les bras et que nous fassions l'éloge de l'amour éphémère? Pourquoi ne croyons-nous plus à l'amour qui dure et qui se bat pour accéder au bonheur? Peut-être en avons-nous oublié les ingrédients? Pour aimer, nous devons nous laisser connaître sous nos moins beaux jours. Nous devons être capables de reconnaître nos torts, de demander pardon et de chercher la réconciliation. Sommes-nous devenus si orgueilleux que nous ne voulons plus entendre parler de ces choses? Nous préférons, semble-t-il, porter des masques, négocier, argumenter et manipuler, accuser l'autre ou fuir tout conflit au point de mettre fin à la relation.

La relation sexuelle et le plaisir

Nous devons comprendre correctement ce qu'est une relation sexuelle et saisir le sens du plaisir qui en découle. Il y a à l'heure actuelle une certaine confusion à propos de la définition d'un rapport sexuel. Pour les médecins, par exemple, l'acte sexuel se résume à l'expérience coïtale parce que la vie en découle et qu'elle est la plus susceptible de transmettre des maladies physiques. Par conséquent, des éducateurs sexuels, influencés par cette définition et souhaitant prévenir les grossesses, ont proposé divers jeux sexuels en remplacement du coït. Malheureusement, certains d'entre eux ont appelé cette approche de l'abstinence sexuelle. Or, les psychologues, les sexologues et les dirigeants religieux considèrent en général que l'exposition à l'orgasme, même sans pénétration, constitue une expérience qui doit être appelée « relation sexuelle ». Cette divergence d'opinions explique sans doute la confusion qui règne parmi la population. En effet, seulement *un adolescent canadien sur cinq et une mère sur trois pensent que la masturbation réciproque entre dans la définition des « relations sexuelles ».* De plus, *un adolescent sur quatre croit que les relations sexuelles oro-génitales sont compatibles avec l'abstinence sexuelle*[72], ce qui, bien entendu, n'a aucun sens. Il faudrait donc que les intervenants commencent par s'entendre sur les termes et les concepts rattachés à la sexualité.

De plus, nous devons réfléchir au sens que nous donnons à l'expérimentation du plaisir sexuel, car nos valeurs influencent grandement la manière dont nous le recherchons. La grande question est de savoir si nous devons ou non séparer la notion de plaisir de celle de relation. Ainsi si le plaisir sexuel est, comme certains le pensent, un moyen de s'amuser qui est facilement accessible, alors notre comportement sexuel pourrait bien se passer des bornes de l'intimité du couple. Faire l'amour serait un loisir comme un autre. S'il s'agit d'une fonction ou d'un besoin aussi vital que la nécessité physiologique de manger, alors la notion de plaisir sexuel est réduite à une série de gestes mécaniques visant à soulager un simple appétit charnel. En fait, si la relation sexuelle se limite au coït ou si la recherche du plaisir n'est qu'un loisir ou un besoin, l'acte sexuel perd toute sa noblesse et son caractère sacré.

Par contre, si la relation sexuelle est une rencontre affective et un partage profond, elle revêt une dimension humaine et spirituelle importante. C'est ce que je crois. La notion de plaisir ne doit pas être séparée de la relation qui unit les personnes. La relation sexuelle doit être conçue comme la merveilleuse manifestation physique de la communion de deux êtres. C'est pourquoi la sexualité humaine ne peut pleinement s'épanouir que dans l'intimité que procure l'engagement des amoureux qui se donnent l'un à l'autre pour la vie.

Je ne nie pas l'aspect physique de la sexualité en disant que le contexte amoureux et l'engagement matrimonial lui procurent le cadre où elle peut s'épanouir et trouver son sens. L'expérience érotique est souvent franchement charnelle. Elle cherche alors à prendre, à posséder, à assouvir un instinct puissant. Cependant, l'expérience sexuelle des personnes mariées conjugue le plaisir avec la connaissance d'un être particulier. Leur sexualité est plus que le partage de sensations corporelles. Elle leur apporte davantage qu'une simple aventure romantique. Elle est la conjonction du corps et de l'être intérieur, qui permet au mari et à la femme d'être véritablement unis et de vivre des moments d'intimité profonde où ils expérimentent le plaisir sexuel.

Une vraie réforme

Lorsqu'une société découvre qu'elle ne réussit plus à gérer ses problèmes, elle doit saisir l'importance de modifier ses valeurs pour apporter les vraies solutions à la collectivité afin que celle-ci évolue dans la bonne direction, pour le bien-être de tous. Que nous soyons au début d'une nouvelle révolution sexuelle ou en train d'achever la première, nous ne devons pas manquer le virage, sans quoi nous pourrions être pris avec des valeurs stériles pour longtemps. Les véritables questions qui se posent sont les suivantes. Voulons-nous vraiment éliminer les facteurs qui causent la destruction de l'intimité et de la stabilité conjugales? Croyons-nous qu'il est important pour une société de fonder des familles solides et heureuses? Sommes-nous prêts à aller jusqu'au bout dans les changements dont nous avons besoin?

Je crois que le débat ne fait que commencer. Il se peut que la norme sexuelle redevienne instable. Il se peut aussi que les gens en général aient de la difficulté à saisir pourquoi notre manière de voir la sexualité doit être réformée. L'anecdote suivante illustre bien la surprise que suscite le nouveau discours de la chasteté. En 2003, j'ai été invité à l'Université Laval, à Québec, afin de donner une conférence intitulée *Pour que le sexe trouve tout son sens*. Pour l'occasion, des étudiants en marketing avaient préparé de très belles affiches. Les slogans étaient accrocheurs et disaient, par exemple, « Pas besoin d'être sainte pour être vierge »; « La baise, moi j'y crois pas! » ou « Tu ne sais pas ce que tu manques! » Or, les affiches ont été déchirées à plusieurs reprises par des étudiants qui ne pouvaient pas tolérer ce genre de message. En temps normal, les jeunes Québécois sont pacifiques et plutôt indifférents à ce qu'ils voient sur les murs. Cependant, l'idée de remettre en question la révolution sexuelle a semblé bouleverser profondément plusieurs d'entre eux. Beaucoup sont venus à la rencontre juste pour détruire mes arguments. Ils n'arrivaient pas à croire les données scientifiques que je leur présentais.

Il faut dire qu'une forte charge émotionnelle est rattachée au mot chasteté. Lors de cette conférence, une étudiante m'a raconté comment sa grand-mère était décédée en mettant au monde un enfant sur l'ordre du curé de la paroisse quand le médecin assurait que l'accouchement serait fatal pour sa patiente. Nos ancêtres ont grandi dans un climat de peur, de honte et de contrôle de leur sexualité. Je comprends bien pourquoi divers spécialistes et le public en général ne veulent pas d'un retour à la chasteté. Ils ne saisissent pas que le discours moderne diffère de celui véhiculé à la période janséniste ou victorienne.

Retourner à l'époque où la sexualité était une source de peur serait ridicule. Toutefois, accepter les concepts libéraux hérités de la révolution sexuelle qui banalisent la sexualité et en évacuent toute notion du bien et du mal est tout aussi délétère. Nous devons plutôt chercher à comprendre les erreurs des générations qui nous ont précédés. Nous devons aussi voir plus grand que le simple fait de limiter les conséquences négatives rattachées à l'activité sexuelle en dehors d'un engagement amoureux fidèle et durable. Nous devons sortir la famille de sa léthargie et présenter le bonheur conjugal aux couples. Nous devons reparler des valeurs et les repenser en profondeur, sans copier les modèles du passé.

La chasteté est cette nouvelle éthique de la sexualité dont nous avons besoin comme société. En tant que valeur, elle donne un sens à l'agir sexuel, en plus de prévenir les conséquences néfastes des relations sexuelles hors mariage. Si nous saisissons que l'expression de la sexualité doit avoir un sens et évoluer dans un cadre, nous apprendrons à l'orienter et à la maîtriser. De plus, nous ferons la promotion de nos convictions auprès des adolescents afin qu'ils acquièrent un modèle de fidélité et de stabilité qui ne repose pas uniquement sur des émotions passagères. Attendre au mariage pour avoir des relations sexuelles n'est pas une idée farfelue ni un style de vie réservé à des gens marginaux.

Les valeurs que je viens de décrire donnent un bon aperçu de l'enjeu de la réflexion actuelle. Nous pousserons maintenant notre réflexion en nous demandant quel est le lien qui existe entre nos valeurs et notre conception du monde. Une valeur ne peut être solide que si elle s'articule bien avec une vision réaliste de la vie. S'il est un espoir de reconstruire la famille, il ne vient pas d'une société égarée dans sa conception de la vie mais de plus haut. Nous devons donc chercher un renouvellement de notre vision du monde. Nous devons repenser notre rapport avec le plaisir et la vertu, le bien et le mal, le corps et l'esprit.

5

Le plaisir et la vertu

Une étudiante en sexologie farouchement opposée à la chasteté m'écrivait dans un message électronique : « Par définition, la sexualité est anarchique et incontrôlable. » Je pense, au contraire, qu'elle peut s'harmoniser avec tout ce que comporte le fait d'être humain. La sexualité peut être une source de plaisir tout en étant vécue de façon vertueuse. Je m'oppose à l'idée que le plaisir est l'antithèse de la vertu et qu'il ne se loge que dans l'interdit. Je suis convaincu que les richesses qu'il nous est permis moralement de posséder peuvent être une source de jouissance.

Non seulement il est possible d'être vertueux et heureux selon moi, mais je crois que sans la vertu, le bonheur est inaccessible. En effet, Éros peut devenir le pire des tyrans s'il n'est pas soumis à des préceptes régulateurs. La chasteté est justement cette vertu qui consiste à canaliser notre énergie sexuelle. Elle suppose que nous sommes capables de choisir notre comportement et que nous ne sommes pas dominés par nos passions anarchiques. Sans la chasteté, il est certainement possible d'éprouver du plaisir à court terme. Cependant, de nombreux témoignages démontrent que la recherche seule du plaisir finit par faire de l'hédoniste l'esclave de ses passions.

Une paire divisée
Contrairement à ce que plusieurs croient, la chasteté n'a rien contre le plaisir, mais elle suppose que la jouissance et la vertu cohabitent

dans notre vie et sont le garant l'une de l'autre. Dans l'Histoire, ces deux éléments ont fréquemment été séparés, et nous pouvons encore aujourd'hui observer les signes de cette division. Par exemple, le petit diable rouge si souvent associé aux images pornographiques évoque bien les activités sexuelles rattachées aux plaisirs interdits. Combien de personnes sont attirées par tous ces trucs excitants dont on entend parler? Après tout, croit-on, les plaisirs défendus ne sont-ils pas plus agréables que ceux permis?

Mais qui donc a séparé les composantes de cette paire pour les partager en deux réalités opposées? En partie l'Église, mais je crois qu'on l'a trop accusée d'être la seule responsable de cette division. La scission existait bien avant l'ère chrétienne. En effet, l'étude des mythologies grecque et romaine démontre combien le plaisir était aux antipodes de la vertu dans l'Antiquité. Ainsi la légende veut que Romulus, fondateur de Rome, ait été le fils de Mars, dieu de la guerre. Or, si Mars était l'idéal masculin des Romains, Vénus représentait le modèle féminin. Elle personnifiait la sexualité, tout comme Aphrodite, son équivalente chez les Grecs. Curieusement, toutefois, ces deux déesses étaient les protectrices des prostituées et les ennemies jurées de Junon et de Héra, respectivement déesses romaine et grecque du mariage. Pour ces deux peuples, le lieu propice aux plaisirs sexuels semblait donc se situer en dehors du mariage, tandis que la famille était une institution vouée à la procréation et à la survie. Au sein de ces sociétés, l'homme était un guerrier qui dominait le foyer souvent avec violence. Il régnait en maître sur sa femme et ses enfants et il avait tout pouvoir sur ses esclaves. Nous sommes loin ici du couple amoureux et sexuellement épanoui, de la famille heureuse et répondant à tous les besoins affectifs de ses membres.

Les anciennes civilisations entouraient leur sexualité de mystère et nourrissaient diverses craintes à l'égard de la reproduction. Ce contexte ne favorisait pas la jouissance des couples mariés. La femme et la sexualité étaient suspectes en elles-mêmes. Par exemple, on croyait que tout ce qui venait en contact avec le sang menstruel risquait d'être altéré, de devenir malade ou même de mourir. Les médecins grecs précisaient que l'homme devait éviter de perdre sa semence et que des éjaculations trop fréquentes pouvaient l'affaiblir. Certains philosophes cherchaient même à réprimer tout genre de désir. La création du terme « parties honteuses » remonterait à Sénèque, stoïcien qui déclarait dans une lettre à sa mère : *Si tu considères que le désir sexuel n'a pas été donné à l'homme pour son plaisir, mais pour la perpétuation de sa race, toutes les autres formes de désirs glisseront alors sur toi sans te toucher, à moins que la luxure ne t'ait atteinte de son souffle empoisonné*[73].

Les peurs rattachées à la sexualité existaient donc bien avant le christianisme. Les historiens sérieux s'accordent d'ailleurs à dire que l'Église n'est pas à l'origine de la répression sexuelle et de la domination de la femme. Selon leurs dires, il semble plutôt que l'Église est venue en général adoucir la férule qui pesait sur la famille et rehausser la valeur de la sexualité du couple marié. Cependant, si l'Église a influencé le monde, il est facile de voir que l'environnement scientifique et culturel a malheureusement façonné de son côté la pensée chrétienne.

Ainsi l'Église, selon les époques, a parfois adhéré à des idées qui circulaient dans les milieux scientifiques. Par exemple, aux IVe et Ve siècles, les philosophes et les médecins croyaient toujours que le liquide menstruel était dangereux. De plus, ils croyaient qu'un enfant était tué chaque mois dans l'utérus par la menstruation. Encore aux XVIIe et XVIIIe siècles, les savants pensaient que la masturbation occasionnait des maladies physiques ou psychiques.

Le clergé n'a toutefois aucune excuse pour avoir accepté de tels discours. N'aurait-il pas dû, en effet, être fidèle au message biblique, qui affirme que Dieu a créé l'homme et la femme, qu'il les a bénis en les unissant et qu'il leur a donné la sexualité en déclarant que c'était très bon[74]? N'aurait-il pas dû croire la Bible lorsqu'elle dit qu'au début, l'homme et la femme n'avaient pas honte de leur nudité[75]? D'ailleurs, l'un des livres qu'elle contient, le *Cantique des cantiques*, est un magnifique poème d'amour exprimant les désirs mutuels d'un homme et d'une femme. Enfin, n'aurait-il pas dû reconnaître l'autorité de l'apôtre Paul, auteur de plusieurs lettres du Nouveau Testament, quand il encourage les couples mariés à ne pas s'abstenir des relations sexuelles[76]? Dieu a une vision positive de la sexualité. Il se réjouit du plaisir qu'elle procure à l'homme et à la femme mariés. Par conséquent, si les responsables de l'Église avaient suivi l'enseignement scripturaire, ils n'auraient pas nourri un discours qui a été – parfois, mais pas toujours – axé sur la peur et la condamnation du plaisir sexuel. Ils auraient pu favoriser la coexistence du plaisir et de la vertu.

Dans notre conception actuelle des choses, nous croyons en général que les générations antérieures n'avaient rien compris à la sexualité et que l'humanité vient enfin de découvrir le grand mystère du dieu Éros jusqu'ici gardé secret. Ce trésor longtemps enfoui serait désormais, selon les libéraux modernes, l'apanage d'une société plus évoluée. Toutefois, cette interprétation a été mise de l'avant par les pionniers de la révolution sexuelle, qui se sont affairés à relire l'Histoire pour accuser le christianisme d'être à l'origine de la répression sexuelle. Selon eux, seules quelques tribus isolées qui n'avaient pas été influencées par l'Occident vivaient le parfait bonheur.

Le mensonge est grossier. La révolution sexuelle a créé un ensemble de croyances pires que les premières, car elles ont pour fonction de rejeter tout principe moral. Ainsi, ne jurant que par les plaisirs des sens, elle nous a coupés non seulement de la réalité historique, mais de la possibilité d'œuvrer à la conjonction du plaisir et de la vertu.

Des femmes sans plaisir ni vertu

Germaine Greer explique dans *La femme eunuque*[77] que le Moyen Âge avait relativement bien réconcilié le plaisir et la vertu auparavant dissociés. Cependant, selon cette féministe de la seconde vague, les deux éléments ont été peu à peu divisés de nouveau à partir de la Renaissance. D'ailleurs, deux siècles plus tard, à l'époque du romantisme, on pouvait observer un grand fossé entre la femme vertueuse et celle qui procure des plaisirs. D'un côté, on avait l'épouse servante ; de l'autre, la putain idolâtrée. L'une était pure et ignorait tout de la sexualité. L'autre se libérait de sa cage, mais n'était que le joujou des hommes. L'époque romantique a été d'après Greer l'apogée d'un sexe illicite et pervers qui amoindrissait grandement la valeur du mariage. Or, toujours selon cette auteure, sous la domination de l'homme, la femme n'était heureuse ni dans son rôle de servante ni dans celui d'idole. Aussi, réagissant par la jalousie, la manipulation et la critique, celle qui aurait dû être une compagne est-elle devenue une ennemie.

Au début des années 1970, la révolution féministe croyait détenir la solution à tous les problèmes des femmes. Greer et ses consœurs ont milité contre l'esprit possessif qui animait la passion amoureuse masculine et ont déclaré que les femmes devaient apprendre à penser et à agir par elles-mêmes, sans compter sur la prise en charge par l'homme. Elles ont encouragé leurs semblables à rejeter le paternalisme, à éviter le mariage ou à divorcer afin de bâtir elles-mêmes leur destinée[a]. Elles leur recommandaient de faire la grève et de cesser leur travail d'épouses, de mères et de ménagères. Et à celles qui, malgré tout, choisissaient la vie matrimoniale, elles conseillaient d'éviter la maternité.

Les militantes féministes condamnaient également la notion de femme-objet, l'utilisation du corps féminin dans la publicité et tout le fétichisme qui y était rattaché, d'une part, ainsi que la consommation de romans à l'eau de rose par les femmes, d'autre part. En somme, la femme devait être libérée autant de son aspiration à la vertu associée à la vie de la femme au foyer que de son attrait pour la femme-objet associée au plaisir de séduire.

Pouvons-nous dire aujourd'hui que le féminisme a atteint ses buts ? En partie seulement, car il y avait des conflits entre les divers objectifs qu'il poursuivait à l'origine. Par exemple, le discours féministe reconnaissait que les relations sexuelles précipitées ne créent pas de lien affectif et entraînent la haine, la culpabilité et la dégradation en femme-objet. Toutefois, il a véhiculé parallèlement une crainte marquée de l'attachement au mari, ce qui a finalement conduit plusieurs femmes à l'union libre et certaines féministes radicales à rompre toute relation avec un homme. De même, le corps féminin est toujours exploité sur la place publique. Pourquoi cet échec ? Parce que la capacité de séduire est en elle-même une manière d'acquérir plus d'autorité. Or, l'acquisition du

---

a. En général, ces féministes disaient que le couple irait mieux si chaque personne le formant était libre de partir à sa guise.

71

pouvoir, semble-t-il, a été prioritaire dans la démarche féministe, puisque son *credo* était l'autonomie et l'émancipation.

Certes, le féminisme nous a aidés à comprendre bien des choses, par exemple dans le domaine des capacités professionnelles des femmes. Cependant, la révolution qu'il a engendrée ne s'est pas faite sans heurts, et plusieurs femmes qui adhèrent à ses principes ne s'en trouvent guère plus heureuses. Il a créé de nouveaux stéréotypes, obligeant la femme à se conformer à l'image d'une « superwoman » capable de gérer sa carrière, son rôle de mère et sa vie d'épouse. Or, je rencontre souvent des femmes qui ne sont pas à l'aise dans leur rôle de femme dite « libérée », mais qui n'osent pas l'abandonner de peur d'être jugées par leurs consœurs. Elles aiment la galanterie. Elles voudraient se sentir protégées. Elles désireraient être à la maison et prendre soin des enfants. Toutefois, elles ne se sentent pas libres d'être le genre de femme qu'elles désirent. Peut-être la communauté féminine sera-t-elle bientôt assez sûre de ses acquis pour se passer de l'assimilation obligatoire à une norme commandée par l'idéal féministe, norme qui en définitive mine la vraie liberté des femmes. Je ne préconise pas le retour de toutes les femmes au foyer, mais simplement la liberté de choisir, tout en se sentant une vraie femme.

D'autant plus que les femmes au travail n'ont pas toutes réussies des carrières extraordinaires. Loin de là ! Plusieurs femmes forment une main-d'œuvre à bon marché, ce qui n'est pas très valorisant[b], tandis que celles qui réussissent le mieux sur le plan économique sont parfois obligées de renoncer à la maternité. D'autres encore, s'épuisent en essayant de combiner famille et carrière. Malgré cela, la femme émancipée doit paraître forte. Souvent, elle doit nier un besoin profond en elle, celui de se sentir protégée par son conjoint. En somme, je dirais que le féminisme a permis à la majorité des femmes d'accéder à plus d'autonomie, mais qu'il les a aussi éloignées de la vertu et qu'il leur a procuré, en réalité, bien peu de plaisir.

---

b. La plupart des femmes dont je parle travaillent avec des hommes qui ont le même salaire et qui font la même tâche qu'elles. En effet, il y a aussi des hommes qui forment une main-d'œuvre à bon marché, tout simplement parce que tous les hommes n'accèdent pas à une carrière où ils deviennent riches, heureux et puissants. C'est simplement la réalité de la vie.

Certains penseront peut-être qu'il est exagéré de dire que la femme se retrouve aujourd'hui sans plaisir ni vertu. Il faut être avisé pour prendre conscience que ni la quête du pouvoir ni celle des sens et des plaisirs à court terme ne correspond parfaitement aux besoins profonds des êtres humains. En vérité, les couples et les familles ne pourront s'épanouir aussi longtemps que le plaisir et la vertu feront chambre à part.

Du plaisir et de la vertu

Tantôt centrée sur la vertu, tantôt sur le plaisir, l'humanité est déchirée entre la puissance de ses instincts et celle de sa conscience morale. Quand donc allons-nous intégrer ces forces qui nous animent en un centre cohérent, équilibré et sain? Pouvons-nous encore fusionner ce qui a été séparé? Est-il possible de jouir de la vie de façon vertueuse? D'être vertueux et d'en tirer du plaisir? Je crois que oui, si nous reconnaissons l'importance de ces deux éléments et si nous acceptons les limites que l'un impose à l'autre. Nous aimons tous avoir du plaisir. Croyants ou agnostiques, nous savons que l'absence de jouissance est une situation anormale. D'ailleurs, plusieurs personnes consultent un thérapeute lorsqu'elles expérimentent l'anhédonie[c] ou lorsqu'elles ne peuvent plus jouir de leurs ébats amoureux. Pourquoi? Parce qu'il est naturel d'aimer et de rechercher le plaisir, parce que la capacité de jouir lors d'une relation sexuelle fait partie de la nature humaine et parce que l'expérience érotique est l'un des plus beaux moments qu'un homme et une femme peuvent savourer.

Quoi que nous en disions, nous apprécions aussi la vertu. D'après *Le Petit Robert*, cette disposition est la force avec laquelle l'être humain tend au bien. C'est elle qui nous fait apprécier les films où le bon héros domine le méchant. C'est la vertu qui alimente le discours des écologistes et des pacifistes. C'est elle également qui nous pousse à rechercher un bien-être pour soi et pour les autres qui va au delà de la consommation des plaisirs physiques. La vertu est une capacité morale pouvant conduire l'être humain à la compréhension de ce qu'est le bonheur. Une personne vertueuse réfléchit au sens des choses. Elle met en place un cadre propice à la réalisation de buts nobles.

---

c. Terme médical désignant l'incapacité de ressentir quelque forme de plaisir que ce soit et qui caractérise la dépression nerveuse. Tout semble terne et triste pour la personne qui en souffre.

La vertu ne s'oppose pas à toute forme de plaisir. Au contraire! À cause de la sagesse dont elle est empreinte, elle permet d'accueillir le plaisir et d'en jouir d'une manière convenable. Faut-il s'offusquer d'entendre dire que l'expression du plaisir doit être convenable? Jugez-en par vous-même. Toutes les blagues des humoristes sont-elles drôles? Ririez-vous de voir des délinquants ivres s'en donner à cœur joie en tapant sur un handicapé? Non, bien sûr. Tous les plaisirs ne sont donc pas convenables. Et chercher le plaisir pour le plaisir dans le domaine sexuel est la meilleure façon d'aboutir à la désillusion. La personne qui vit seulement pour le plaisir désire constamment de nouvelles expériences et des sensations toujours plus fortes. Dans ce contexte, la sexualité peut facilement être dégradée. L'adepte du plaisir peut devenir dépendant de jeux sexuels qui ne peuvent pas le satisfaire pleinement et qui peuvent même être dangereux pour lui et les autres.

D'un autre côté, cependant, l'individu qui vit la vertu comme un carcan risque de trouver son existence morne. En agissant sans cesse sous la pression du devoir, il finit par se sentir vide. Il ne participe pas vraiment à la vie. Il est déconnecté de ses émotions et de ses sens. L'aspect moral de la vie peut donc écraser une personne tout autant que la luxure peut la perdre. C'est pourquoi certains penseurs commencent à saisir l'importance de bien intégrer le plaisir et la vertu. Par exemple, le théologien John Piper croit que la vie chrétienne est trop souvent envisagée sous l'angle de la moralité. Dans son livre *Prendre plaisir en Dieu*[78], il recommande de résister à la pression de l'activisme quotidien. Il explique que la joie se découvre au sein d'une relation intime avec Dieu, où le Sauveur est exalté pour le grand salut qu'il procure. Il expose aussi que Dieu trouve du plaisir à être en relation avec ses enfants spirituels. Piper se présente comme un hédoniste chrétien. En somme, il cherche à combattre l'approche légaliste que peut revêtir le christianisme. Cette tendance qu'ont certaines gens à voir la vie constamment sous l'angle du devoir n'est d'ailleurs pas le propre des chrétiens. Elle touche également de nombreux perfectionnistes athées qui sont incapables de se payer du bon temps. La solution ne se trouve pas dans un équilibre fragile entre le plaisir et la vertu. Trop d'individus vivent ces deux valeurs en alternance. Ils travaillent sans aimer leur boulot et attendent la fin de semaine ou les prochaines vacances avec impatience pour se payer du bon temps. D'autres disent qu'il faut expérimenter l'une et l'autre de ces valeurs avec parcimonie, vivant toujours dans la peur de s'amuser à l'excès ou d'être trop pris par les responsabilités. Quant à moi, je crois que nous pouvons posséder le plaisir et la vertu en abondance, être des passionnés de la vie, être impliqués à fond dans toutes nos activités et y prendre intensément plaisir. Nous devons intégrer ces deux valeurs dans notre quotidien, que ce soit au travail ou dans les loisirs. De même, nous devons imprégner nos vies sexuelles autant de l'amour du plaisir que du désir de la vertu.

Un être vertueux peut jouir avec passion de ses activités tout en sachant que ses principes le protègent de s'engager sur une voie dangereuse. La vertu fournit le schème de référence propice à son équilibre psychique. L'harmonie s'établit en lui, non par la voie de la répression mais par celle de l'équilibre constant des forces en cause, qui ont été assimilées en tant que valeurs. Une poussée de désir sera accompagnée de pensées vertueuses. Lorsque des habitudes saines sont bien implantées, la jouissance est plus facilement canalisée vers une forme moralement acceptable et, en principe, la personne n'a plus à fournir un grand effort pour agir de façon vertueuse. Sans être parfaite pour autant[d], elle possède, dès lors, le caractère du sage.

Une chasteté régulatrice des plaisirs

Au cours des cinquante dernières années, des milliers de livres ont été écrits pour nous apprendre à jouir de la vie. Notre génération s'est démarquée par la quête effrénée de la satisfaction de ses désirs. Cependant, en s'engouffrant dans le plaisir, elle semble avoir oublié l'art de savourer.

J'ai assisté un jour à une petite pièce de théâtre qui exprime très bien cette idée. Montée par des jeunes qui m'avaient invité pour leur parler

---

d. Un individu qui cherche à agir selon des critères moraux demeure un pécheur. Il aura d'autant plus de tentations qu'il connaît l'interdit. Et d'après la doctrine chrétienne, il aura, malgré son bon vouloir, besoin du pardon de Dieu pour accéder à la félicité éternelle. Nous en traiterons au chapitre suivant. Je ne parle donc pas du salut ici. Je décris plutôt le processus psychique d'acquisition des principes moraux, c'est-à-dire la manière dont nous pouvons intégrer des valeurs protectrices. Je crois qu'une certaine vertu est accessible à tous les êtres humains.

de la chasteté, elle relate l'histoire de deux amies qui attendent l'heure d'aller manger dans un restaurant gastronomique. Elles se délectent à l'idée du délicieux repas qu'elles savoureront. Cependant, tenaillées par la faim, les jeunes femmes sont attirées par l'odeur d'un restaurant-minute. L'une résiste, mais l'autre succombe. Celle qui mange sa malbouffe aux yeux de sa copine décrit, non sans cruauté, sa satisfaction d'ingurgiter cette nourriture dégoulinante. Puis vient l'heure du festin. La jeune femme qui a patienté considère le repas comme une pure merveille. Pendant qu'elle déguste chaque bouchée, elle entend sa copine se plaindre de maux de ventre et de nausées.

La vertu permet d'attendre et de goûter pleinement le plaisir. Ne laissez donc pas les gens vous faire croire que la chasteté est une vertu négative qui renie le plaisir. Au contraire, les personnes chastes y accordent une telle importance qu'elles désirent le consommer dans le meilleur contexte possible. En alliant le plaisir et la vertu, la chasteté fait appel à ce qu'il y a de plus beau dans l'être humain.

Les personnes qui attendent au mariage y découvrent un lieu de plaisir et de vertu. Dans l'union conjugale, la fête des corps s'insère dans le contexte d'une relation forte, vivante et qui a un avenir. Ici, le sexe est accueilli avec sérénité et il ne trouble pas la conscience. Les amants peuvent s'adapter l'un à l'autre avec le temps. Ils ont toute la latitude pour apprendre à se connaître davantage et à se faire plaisir. Le mariage est donc bien plus qu'un bout de papier pour qui sait en saisir toute la portée. Il est le lieu par excellence où le plaisir et la vertu peuvent cohabiter en harmonie.

La mentalité qui consiste à séparer le plaisir et la vertu empêche la majorité des gens de réaliser leur rêve de fonder une union conjugale solide et une famille heureuse. Je crois qu'il est temps que ces deux valeurs travaillent de concert. Ainsi nous éviterons la tyrannie du plaisir, d'une part, et la mortification découlant de la pratique d'une vertu castratrice, d'autre part. La réunification du plaisir et de la vertu contribuera, dès lors, à l'achèvement de la révolution sexuelle.

6

Le bien et le mal

Il est impossible d'établir les fondements d'une éthique sexuelle sans aborder les questions morales et spirituelles. La révolution sexuelle avait bien saisi l'enjeu. Pour parvenir à ses fins, elle voulait affranchir ses adeptes de la religion ainsi que de toute règle morale en matière de sexualité. Or, une fois de plus, son objectif s'est avéré inatteignable. En effet, même si la pratique religieuse a nettement régressée en Occident, notre société n'a pas réussi à se passer d'interdits et de diverses formes de spiritualité.

Cependant, si des notions morales subsistent aujourd'hui, il est néanmoins certain que notre compréhension de ces questions s'est grandement transformée depuis quelques siècles. En rejetant le surnaturel, le monde séculier a voulu concevoir une morale naturelle, issue de la sagesse humaine, qui soit tout aussi efficace pour encadrer sa conduite que le sont les lois morales universelles d'origine divine. Reste à savoir si les lois d'origine divine sont altérables, si l'homme peut les modifier à sa guise sans risquer le chaos social, d'une part, et s'il est légitime pour l'être humain de définir son propre cadre moral, d'autre part.

L'enjeu est primordial, car s'il existe un Être suprême, notre vision du monde doit obligatoirement en tenir compte. S'il y a un au-delà moralement ordonné, une trame invisible et spirituelle qui régit le monde matériel visible, nos valeurs et notre conduite doivent obéir à l'exigence divine et non à des normes humaines.

Afin d'explorer les questions morales et spirituelles, nous allons examiner le message chrétien dans son essence. Cette démarche nous permettra de situer la chasteté dans différents cadres. Nous pourrons alors mieux comprendre la notion de l'interdit et saisir comment le mal affecte chaque domaine de notre vie. Le thème du bien et du mal doit s'inscrire dans notre réflexion sur la vision du monde et de l'être humain que nous adoptons, car celle-ci sert de fondement à nos valeurs.

La nécessité d'une conscience morale

La vie sociale exige que nous ayons une conscience morale. William Galston, professeur en relations publiques à l'Université du Maryland, exprime bien ce fait: *Si nous vivions seuls, nous n'aurions pas besoin des vertus d'honnêteté et de compassion. Si les enfants pouvaient s'élever eux-mêmes, nous n'aurions pas besoin des vertus familiales d'engagement et de fidélité. Si la prospérité se trouvait facilement, nous n'aurions pas besoin des vertus d'initiative et de persévérance pour créer et maintenir notre patrimoine. Si nos sociétés étaient homogènes, nous n'aurions pas besoin des vertus de tolérance et de respect pour accepter les différences légitimes. Si nos institutions politiques étaient autoritaires et si seulement quelques-uns d'entre nous avaient la capacité de diriger la vie de tous les autres, nous n'aurions pas besoin des vertus de responsabilité et de civisme. Les réalités de notre vie sociale définissent d'elles-mêmes la notion et le périmètre d'une conscience morale solide. C'est le caractère requis pour vivre au sein d'une démocratie*[79].

L'être humain n'aurait aucun problème avec l'idée de se conformer à des valeurs si la vertu coulait en lui aussi normalement que ses pulsions naturelles. Mais, il faut bien l'avouer, l'humanité souffre d'une grande limitation à cet égard. Maladie, faiblesse ou péché, le fait demeure qu'un obstacle nous accable et nous empêche d'accéder à la cohabitation du plaisir et de la vertu. En effet, la reconnaissance des interdits – c'est-à-dire le respect d'une morale – suppose une sagesse capable de soumettre la libido à un certain rationnement. Or, nous n'acceptons pas tous d'établir des limites et de reconnaître la nécessité de maîtriser nos pulsions.

La morale d'origine surnaturelle

Les personnes qui croient à l'existence de Dieu cherchent à connaître ses exigences et à découvrir sa volonté. La Bible expose le caractère parfait de Dieu et la manière dont il veut que l'homme mène sa vie. La morale d'origine surnaturelle est le bien tel que Dieu le définit. D'après la Bible, Dieu est un Être parfait, fidèle et bon. Il est également juste. Il s'identifie au bien et s'indigne du mal. Il ne laisse pas impuni celui qui commet le mal. En tant qu'Être suprême, il a l'autorité pour établir la loi morale et décider ce qui est bien et ce qui est mal. Il a aussi le pouvoir de condamner. Or, la Bible indique que la sanction découlant du verdict divin sera manifestée au jugement dernier.

Pour les auteurs bibliques, l'homme est influencé à la fois par les forces du bien et par celles du mal, qui sont des puissances agissant tout autant à l'extérieur qu'à l'intérieur de lui. Ainsi le mal n'est pas seulement présent sous forme de forces invisibles intervenant sur des êtres asservis et passifs. Il a aussi altéré la nature humaine, qui n'a pas été créée telle que nous la connaissons maintenant. Le mal est intimement lié à la nature humaine, même si l'homme, responsable de ses actions, possède une certaine capacité de lui résister.

De la malédiction au salut

Le message biblique révèle le rôle de la morale d'origine surnaturelle. Aussi étonnant que cela puisse paraître à certains, il démontre que les êtres humains ne sont pas à la hauteur de la loi divine et qu'ils doivent rechercher le salut autrement que par leurs propres efforts.

Au début de la Bible, l'homme et la femme sont considérés comme le couronnement de la création. Dieu leur demande de se reproduire, de peupler la terre et de bien la gérer. Toutefois, dès le sixième chapitre de la Genèse, nous lisons que Dieu est en colère parce que la terre est remplie de violence. Que s'est-il passé? Ève, séduite, et Adam, pas plus fin, ont mangé le fruit défendu de l'arbre de la connaissance du bien et du mal. Le Créateur leur avait pourtant indiqué quelles seraient les conséquences d'un tel geste: en accédant à la connaissance du mal, celui-ci allait être déposé à la racine même de la conscience humaine, et tous les hommes et toutes les femmes qui allaient naître par la suite en seraient atteints.

Le problème était-il le fruit lui-même? Non, bien entendu. Les théologiens expliquent que la consommation du fruit n'a été que la manifestation extérieure d'une transgression intérieure. En mettant en doute la véracité de la parole de Dieu et son amour, en préférant gérer eux-mêmes leur destinée et en voulant se faire les égaux de Dieu, Adam et Ève ont choisi de rompre l'intimité qu'ils avaient avec leur Créateur. À cause de cet acte de désobéissance et de ce refus de la relation, l'être humain a été coupé de la gloire divine. Il s'est placé lui-même au centre de l'univers, préférant croire le diable et cherchant à adorer la créature plutôt que le Créateur. Il est ainsi devenu un être profondément perturbé.

Nous avons en général tendance à minimiser les conséquences de la décision d'Adam et Ève, parce que nous comprenons mal l'infinie sainteté de Dieu. Il est d'une pureté absolue. C'est pourquoi l'être humain, corrompu et attiré par le mal, est séparé de Dieu. Il ne peut entrer en sa présence. Or, la Bible nous dit que sans la communion avec le Créateur, nous ne pouvons pas être délivrés du mal et du péché qui nous atteignent.

Si nous trouvons difficile de saisir la justice et la perfection divines, nous comprenons un peu plus facilement l'horreur du mal. En effet, nous n'avons qu'à regarder ce qui va de travers dans le monde et en nous-mêmes. Presque tous les jours, nous avons des pensées négatives envers notre prochain. Poussés à l'extrême, de tels sentiments peuvent conduire à divers drames. Pensons seulement à ces tueurs fous qui tirent sur des innocents dans les écoles. Un seul geste de destruction fait dans un moment de rage peut avoir des conséquences énormes sur la vie de nombreuses personnes.

L'être humain a été touché dans son essence. Cela ne fait pas pour autant de tous les hommes des monstres. Une certaine capacité à faire le bien demeure en chacun de nous. Toutefois, il suffit d'un seul péché pour devenir un pécheur. Nous pouvons toujours mesurer notre bonté personnelle d'après nos règles morales humaines. Cela nous donne un certain sentiment de justice et assure un certain ordre social. Cependant, aux yeux de Dieu, chaque être humain a failli sur le plan moral. D'ailleurs, qui n'a pas transgressé au moins une fois une règle divine ou même une norme sociale imposée par les hommes? Nous sommes tous perdus selon la justice de Dieu, et le péché suscite sa colère. Sur le plan théologique, James Bannerman résume l'enjeu avec une grande perspicacité: *Le chemin pour approcher Dieu a été fermé à cause de la chute de l'homme; il fut dès lors impossible à l'homme de renouveler par lui-même cet accès qui fut fermé par une sentence judiciaire. Celle-ci exclut l'homme de la présence et de la faveur de Dieu. Est-ce que ce chemin pourrait être à nouveau ouvert, et la communion de l'homme avec Dieu renouvelée? C'était une question à laquelle Dieu seul pouvait répondre. Si oui, sur quelle base cet accès renouvelé se fonderait-il et de quelle façon la communion de la créature avec son Créateur devrait-elle être maintenue? Cette question aussi devait être répondue par Dieu seul*[80].

La Bible expose le plan divin pour rétablir la relation entre le Créateur et les êtres humains. Dieu a d'abord appelé Abraham et il lui a promis une descendance. Puis, il a choisi Israël[a]. Il lui a donné sa loi divine et l'a chargé d'apporter le salut aux nations. Il savait que l'homme ne pourrait pas suivre parfaitement cet ensemble de règles morales, mais il voulait tendre les bras à ses créatures déchues tout en leur enseignant ses perfections morales. En effet, le rétablissement de la relation avec l'humanité ne peut être qu'un don généreux et gratuit de Dieu. Ce don miséricordieux n'a rien à voir avec les efforts de l'homme qui cherche à gagner son ciel. Personne ne peut être sauvé de cette manière, ont dit les prophètes de la Bible les uns après les autres en annonçant le Messie.

Quel serait le rôle de ce Sauveur? La Bible présente deux aspects de la mission de Jésus-Christ[b], qui, en fait, correspondent à ses deux venues. Ainsi elle déclare qu'il viendra à la fin des temps d'une manière glorieuse pour régner sur le monde. Cependant, les prophéties de l'Ancien Testament décrivent aussi un Messie souffrant qui se présente sous la forme d'un simple homme[81] pour régler la question du péché et rétablir la communion entre l'homme et Dieu. Cet Homme-Dieu n'a jamais commis de péché[82]. Il n'a donc pas à endurer pour lui-même la colère de Dieu. C'est pourquoi il peut la subir à notre place[83].

---

a.　*Israël* est à la fois le nom de l'un des petits-fils d'Abraham et celui du peuple issu du patriarche.

b.　Le prénom *Jésus* était répandu au Ier siècle. Il est lourd de sens, car il signifie « L'Éternel est salut ». L'appellation *Christ*, quant à elle, est la traduction grecque du mot *Messie*, qui désigne un envoyé qui vient pour conquérir et régner.

Jésus-Christ est un personnage historique. Il est venu dans le monde, il a habité parmi nous[84] et il a expié les fautes de l'humanité, une fois pour toutes[85]. Jésus, Dieu fait homme, a souffert et est mort sur la croix pour enlever le péché du monde[86]. Son sacrifice a répondu aux exigences divines. De plus, en ressuscitant le troisième jour, il a prouvé qu'il était bien l'Envoyé de Dieu pour le salut de l'humanité. C'est pourquoi la Parole de Dieu affirme qu'il est le chemin vers le Père et la source de la vie éternelle[87]. Jésus de Nazareth, Agneau de Dieu, pleinement Dieu et pleinement homme, a manifesté la puissance triomphale de Dieu sur le péché et sur la mort[88].

Quelle est donc la conséquence du salut offert en Jésus-Christ? La mort du Fils de Dieu signifie-t-elle que tous les êtres humains sont sauvés automatiquement? Non. D'après les paroles fondatrices du christianisme, nous devons prendre conscience que nous sommes des pécheurs séparés de Dieu, désirer sincèrement revenir à Dieu et comprendre que nous pouvons y arriver seulement grâce au sacrifice de Jésus-Christ. C'est par la foi en lui que nous pouvons être sauvés des conséquences du mal et avoir accès au royaume de Dieu pour l'éternité. Il s'ensuit une naissance sur le plan spirituel, une nouvelle naissance[89].

Quant à la loi divine donnée à Israël, elle aura été la meilleure école pour faire saisir aux êtres humains la gravité de leur condition de pécheurs et le fait qu'ils ne peuvent pas obtenir le salut par leurs propres efforts moraux[90]. Ceci ne signifie pas que l'effort moral n'a plus sa place pour les individus qui sont sauvés par la foi. Toutefois, pour les croyants nés de nouveau, cet effort ne vise pas à gagner leur ciel mais à plaire à Dieu. Les œuvres chrétiennes sont donc la conséquence normale du changement qui s'effectue dans le cœur du converti et non une condition pour être sauvé[91].

Ceux et celles qui sont maintenant sauvés par la foi en Jésus-Christ entrent dans une nouvelle alliance établie sur la base de l'adoption. Ils ne sont plus en relation avec le Dieu Juge, mais ils sont devenus des fils et des filles adoptés par un Dieu qui se révèle désormais comme leur Père. Et Dieu n'est pas n'importe quel père! Le « papa » des croyants est amour et perfection[92]. Bien sûr, comme dans toute famille, les enfants doivent obéissance à leur père, ce qui suppose qu'il peut les corriger si leurs actions ou leur attitude l'exigent[93]. Cependant, un père digne de ce nom ne renie pas ses enfants.

En somme, les principes que Dieu reconnaît comme bons ne pourront jamais être suivis parfaitement par aucun être humain. L'idéal divin est trop élevé pour que nous puissions l'atteindre, puisqu'il implique la perfection. La Bible nous conduit ainsi au salut qui s'obtient sur la base de la simple acceptation du pardon de Dieu par la foi en l'œuvre accomplie par Jésus à la croix. Le salut s'acquiert indépendamment de notre capacité à respecter l'éthique morale révélée dans la Bible. Dieu accorde donc aux êtres humains l'immense privilège d'être des pécheurs pardonnés, accueillis et aimés.

Ces idées et ces termes contredisent peut-être la perception que vous avez du christianisme. En effet, le clergé n'a pas toujours été fidèle aux enseignements de la Bible. Il a souvent eu tendance à revenir à un enseignement qui recommande des principes, des comportements et des rites à suivre pour être sauvés. C'est pourquoi le véritable message de l'Évangile est souvent méconnu, d'où l'importance de lire soi-même la Bible et de considérer les Écritures saintes comme l'autorité qui nous révèle la pensée de Dieu.

Le rejet de Dieu

Il y a des personnes qui croient fermement qu'il n'y a aucune vie après la mort. Certains auteurs qui adhèrent à cette croyance ont affirmé sur la place publique leur athéisme et ont tenté d'affranchir l'humanité de Dieu et de la question du bien et du mal. Nietzsche est l'un d'eux. Il a déclaré que Dieu était mort, enterrant ainsi tous les penseurs qui avaient brillamment réfléchi au problème du mal avant lui. En un tour de main, il a réglé la question du mal[c]! Elle ne se pose plus. Du moment que l'homme est convaincu que Dieu est mort, le mal n'existe plus, un point, c'est tout! La pensée nihiliste redéfinit donc la liberté comme la possibilité de tout faire sans être gêné par aucune conscience supérieure.

---

c. Du moins, c'est la perception qu'a eue la génération de la révolution sexuelle.

Cette conviction n'est pas très répandue, toutefois, car la plupart de nos contemporains sont agnostiques, ce qui signifie qu'ils ne savent pas très bien si Dieu existe ou non et que cela leur importe peu, d'une façon ou d'une autre. Et c'est cette indifférence spirituelle qui a permis à la révolution sexuelle de se propager, car les militants voulaient se passer de principes moraux et peut-être même, pour les plus rêveurs, de lois civiles. Ils désiraient que se réalise l'utopie d'un monde pacifique. « Faisons l'amour et non la guerre » était le slogan du mouvement hippie. Cinquante ans plus tard, nous observons qu'il y a toujours des guerres et qu'on ne peut pas vivre seulement d'amour et de sexe. Cependant, le désir des révolutionnaires d'éliminer tout cadre moral a semé en nous une multitude de doutes sur ce qui est bien et sur ce qui est mal. Nous avons maintenant tendance à tout relativiser et à établir notre propre loi morale, chacun à notre manière.

Le concept même de la foi a été altéré par la pensée postmoderne. Beaucoup de gens disent à l'heure actuelle que l'important est de croire en quelque chose. Mais c'est là se méprendre sur la véritable nature de la foi. D'après la Bible, ce n'est pas le principe de la foi qui sauve en lui-même, mais c'est Dieu qui accorde la vie éternelle à ceux qui placent leur espérance en l'œuvre de Jésus-Christ. Le raisonnement des personnes qui croient à la vertu de la foi par et pour elle-même est comparable à l'effet placebo d'un médicament. La foi, comme le médicament, serait efficace du seul fait de croire à son action! La foi-placebo n'a aucune puissance en elle-même. En fait, elle est une illusion occasionnée par un phénomène d'autosuggestion. Or, si l'objet de la foi n'est pas réel, il ne peut assurer le salut dans l'au-delà. Ce genre de foi permet peut-être d'apaiser en partie la conscience de l'être humain sur terre, mais il ne peut lui garantir la vie éternelle en présence de Dieu. Nous pouvons même dire que l'idée de croire en quelque chose d'autre qu'au Dieu réel est dangereuse, puisqu'elle endort la conscience spirituelle et éloigne d'une saine quête de vérité. C'est le drame d'une majorité d'agnostiques qui ne veut pas ou n'arrive pas à se faire une idée bien précise de la vie après la vie.

La Bible annonce de façon prophétique cette époque où les hommes organiseront un système social qui reniera jusqu'à l'existence du mal et de Dieu. Par exemple, Jésus-Christ a décrit une société qui aura perdu la foi, où chacun sera centré sur lui-même et où le mal se sera répandu[94]. De même, l'apôtre Paul a dépeint un monde qui adorera la créature plutôt que le Créateur[95]. Il a parlé également de certaines Églises de la fin des temps qui conserveront des structures religieuses tout en reniant ce qui fait la force d'une vraie relation avec Dieu[96]. N'est-il pas étonnant de voir avec quelle précision ces textes, écrits il y a environ deux mille ans, reflètent notre société postmoderne ?

Les morales naturelles

L'arrivée de discours philosophiques qui cherchent à expliquer le mal ainsi que l'origine de la conscience du bien et du mal sur une base naturelle contribue à consolider le rejet de l'origine divine des normes morales. Paul Ricœur et Jean-Pierre Changeux, respectivement philosophe et scientifique, sont de ces penseurs. Selon eux, la morale ne serait pas révélée d'une manière surnaturelle et ne pointerait donc vers aucun jugement final d'origine divine. En désobéissant à la norme morale, l'homme récolterait, tout au plus, les fruits d'une mauvaise adaptation à son environnement.

Dans un échange fort instructif sur la nature de l'esprit humain, Ricœur et Changeux reconnaissent l'existence de deux niveaux de morale naturelle. Entre *chercher à être bien (confort) et chercher le bien (légitimité et validité) il y a une discontinuité*, mais il s'agit là d'un saut, disent-ils, qui s'explique par *la nécessité évolutive du moment pour adapter l'humain*[97]. La faculté morale serait donc une construction de l'esprit humain, même lorsqu'elle va au delà d'une morale naturelle qui vise la sécurité et le confort.

L'exemple de la pornographie nous aidera à distinguer les trois types de morale dont il est question dans ce chapitre : la morale naturelle de confort, la morale naturelle cherchant le bien et la morale d'origine surnaturelle. Les croyants font en général appel aux trois sortes d'arguments, tandis que les personnes athées ou agnostiques ne font intervenir que la première ou les deux premières.

Des spécialistes croient que le fait de s'adonner à la pornographie est mal parce que cette pratique est associée à une dépendance ou à un plus haut taux de criminalité. Cette perception relève d'une morale de confort cherchant à éliminer un fléau qui rend les gens malades ou malheureux. D'autres intervenants insistent pour dire que la pornographie est mal parce qu'elle éloigne l'individu du sens profond de la sexualité, qui est une rencontre avec l'être aimé et choisi en tant que personne et non comme un objet de plaisir. La pornographie, essentiellement axée sur la consommation et la performance, fige l'imagination sur des stéréotypes qui coupent de la réalité et tuent le véritable érotisme. Cette approche de la question ne fait pas plus intervenir Dieu que la première. Elle définit le bien et le mal par rapport à une compréhension éthique de la nature de la relation sexuelle.

Par contre, des penseurs considèrent comme important d'évaluer cette pratique aussi d'un point de vue spirituel. Ils précisent que la pornographie est mal parce que Dieu recommande la pudeur et ordonne de ne pas convoiter[d]. Certains ajoutent que l'attachement à ces images est si fort qu'elles deviennent des idoles qui prennent la place que Dieu devrait occuper dans la vie des gens.

Les conséquences d'une morale humaniste

Il y a de plus en plus d'experts qui suggèrent une éthique de remplacement afin de pallier l'instabilité qui résulte de la transformation de notre perception du bien et du mal. Si nous y réfléchissons, toutefois, notre pensée postmoderne rend difficile l'avènement d'une morale naturelle qui chercherait à valider le bien. Comment pourrait-il en être autrement? Par exemple, si Dieu n'existe pas et s'il n'y aura pas de jugement à la fin des temps, les raisons que l'on aurait pour prendre soin des autres font triste figure par rapport à l'égoïsme naturel des êtres humains.

Bien sûr, nous pratiquons encore des gestes de compassion lorsqu'il y a des catastrophes naturelles ou à certaines périodes de l'année, comme à Noël. Cependant, cela ne nous conduit pas à l'adoption d'une morale

---

d. La convoitise est le fait de désirer une personne en dehors des liens du mariage ou un bien qui ne nous appartient pas.

qui nous amènerait à pratiquer avec régularité le bien pour l'amour du bien seulement. Ainsi combien d'entre nous cherchent à être parfaitement fidèles à leur partenaire, en action et en pensée ? Combien veulent être honnêtes lorsque personne ne les surveille ? Combien se soucient de ne pas penser du mal des autres ?

S'il n'y a pas de vie après la vie, s'il n'y a pas une conscience invisible et supérieure qui connaît nos sentiments et nos pensées et qui jugera de tout, pourquoi nous comporterions-nous avec noblesse ? Dès lors que le point transcendant disparaît, la morale la plus noble, celle qui cherche le bien d'une façon désintéressée, a aussi tendance à s'effriter. C'est pourquoi la morale tentant de valider le bien cède maintenant la place à une morale de confort ou pire, à une absence totale de morale. Le postulat avançant que la conscience morale peut évoluer sur une base naturelle vers des formes supérieures mieux organisées me semble bien difficile à soutenir.

L'interdit

Comment ces considérations sur Dieu ainsi que sur le bien et le mal influencent-elles notre éthique de la sexualité ? Comment les interdits dans ce domaine ont-ils été modifiés par la révolution sexuelle ? L'interdit découle de l'existence de principes moraux. Il y a des choses que nous pouvons faire en toute légitimité et d'autres que nous ne pouvons pas. L'interdit est ce qui est en dehors de la zone permise. Vous connaissez peut-être le dicton « L'herbe est toujours plus verte dans le champ du voisin », mentionné pour décrire la convoitise, ou encore l'expression « Il a sauté la clôture », utilisée pour évoquer l'infidélité conjugale.

Avoir des désirs est tout à fait normal. De plus, la séduction est un plaisir en soi. Ce n'est pas toujours tant l'objet recherché qui intéresse la personne qui séduit que le processus difficile par lequel elle passe pour l'obtenir. Tous les êtres humains prennent plaisir à conquérir ou à être conquis par leur partenaire. Cependant, ce processus psychologique normal ne dit rien sur la légitimité morale du désir.

Prendre un bien qui n'est pas à moi est du vol; prendre la femme de mon voisin est une agression ou un adultère. Dans la logique d'une morale naturelle, ces gestes sont illégitimes parce qu'ils lèsent le propriétaire du bien ou la personne trompée. Reste que la morale naturelle décrétée par les êtres humains est sujette à changer. Ainsi les normes comportementales et les interdits sociaux ont varié d'une culture à l'autre et d'une époque à l'autre en fonction des intérêts des groupes au pouvoir. Cependant, il est hasardeux de modifier les règles, de faire disparaître certains mécanismes régulateurs. Il est impossible d'éliminer toute notion morale, car le monde deviendrait une jungle fort dangereuse. En effet, les interdits ont pour fonction d'établir un consensus qui structure la société. Ils protègent les individus qui la constituent. La logique d'une morale naturelle de confort vise à ne pas faire subir le mal que nous ne voulons pas subir.

De son côté, la logique de la morale surnaturelle définit l'interdit, qu'elle nomme péché, par rapport au caractère parfait de Dieu et non en raison du fonctionnement social. Or, la Bible affirme que Dieu ne change jamais sa définition du bien et du mal. Les hommes ont eu tendance au cours de l'Histoire à interpréter différemment ce qui a été transmis dans les Écritures saintes, mais le message fondamental n'a pas changé.

Aujourd'hui, on badine avec la notion de l'interdit, disant que plus rien ne l'est. Notre société démontre sans cesse son intérêt pour le péché comme le révèlent les dictons suivants : « C'est bon en diable »; « C'est l'enfer » ou « C'est tellement bon que c'est péché ». Ces images évoquent l'idée d'une limite qui est franchie afin de posséder ce qui est défendu et d'en jouir. D'ailleurs, les maisons de publicité utilisent souvent des références de ce genre pour inviter les consommateurs à acquérir des biens. Pourquoi? Parce que la pensée de conquérir, de défier l'autorité et de contrevenir à la loi excite le mal qui agit en nous. Comme le dit François Brune, critique spécialiste du discours publicitaire : *on mobilise le vieux schème de la tentation pour soutenir la promesse de plaisir d'une pointe de transgression; mais en même temps, on exorcise la culpabilité qu'on souligne en la déconsidérant avec plus ou moins d'humour*[98].

Notre culture a perdu la crainte du péché et du domaine sacré parce qu'elle a peu à peu accepté l'idée que les grands dogmes théologiques sont des fables ridicules. Elle stimule la sensualité avec la notion de l'interdit parce qu'elle croit que le plaisir défendu a meilleur goût. Il va sans dire qu'une telle attitude est nettement coupable aux yeux de Dieu. D'ailleurs, l'essence même du péché consiste à refuser de s'éloigner des zones défendues par Dieu et à les redéfinir à sa guise. Déjà, par la bouche du prophète Ésaïe, Dieu a reproché à son peuple il y a plus de 2700 ans de changer constamment ses normes morales et de confondre la bonté et la beauté avec les choses méprisables: *Malheur à vous qui nommez le mal bien et le bien mal, vous qui changez la lumière en ténèbres, les ténèbres en lumière, vous qui changez l'amertume en douceur et la douceur en amertume*[99].

La progression du mal

Ce qui était jugé immoral autrefois par l'ensemble de la société ne l'est plus aujourd'hui, car la zone interdite perd son attrait dès qu'elle est acquise. C'est pourquoi les gens se lassent vite des événements et des émissions de télévision qui leur font éprouver la sensation euphorique du fruit défendu. Ils s'habituent et en demandent toujours plus. Il en découle une escalade périlleuse qu'on a nommée la libéralisation des mœurs, en laissant souvent entendre que ce phénomène constitue une évolution positive.

Cependant, je crois que le refus de l'interdit n'apporte que la déception. En effet, en poussant toujours plus loin les comportements qui dégradent la véritable nature de la sexualité humaine, la zone interdite devient de plus en plus ténue dans la conscience des individus et, par conséquent, les mœurs sexuelles deviennent dangereuses. La société doit alors réagir par des lois protectrices, faisant apparaître une contradiction entre la revendication de la liberté et celle de la protection.

Cette tension entre la permissivité généralisée et l'exigence d'un contrôle pénal devrait remettre en question notre philosophie libertine. D'après Jean-Claude Guillebaud, cette situation est *la plus amère des cohabitations entre une permissivité affichée et une vétilleuse répression [...] où s'opposent en permanence, dans notre vie quotidienne, la sollicitation et le soupçon [...], une « invite sexuelle » et la menace maniaque d'une inquisition*[100]. Elle rappelle la notion psychanalytique de « double message » *et trahit un étrange inconfort existentiel*, précise-t-il.

En réalité, les transformations qui ont modifié notre société découlent de notre refus d'intérioriser des valeurs morales et des interdits régulateurs qui serviraient de repères et indiqueraient que le vrai sens de la sexualité est d'être en relation continue avec toutes les composantes d'une personne réelle, dont sa dimension spirituelle.

La perte de la foi en l'existence d'un Dieu transcendant se répercute sur notre vision du monde et sur les valeurs. La triade classique « Vérité, Bonté, Beauté » est maintenant remplacée par « Relativité, Tolérance, Pornographie ». Cette modification affecte grandement notre comportement sexuel, puisque l'intimité s'articule sur le fait d'être vrais, que l'amour, la fidélité et le pardon découlent de la bonté et que l'élégance et le charme s'inspirent de la beauté pure et saine.

Lorsque la créature tourne son regard vers elle-même, elle cesse d'être alimentée par une vie transcendante. Elle ne s'émerveille plus en méditant sur ce qui est parfait sur le plan spirituel. Elle n'a plus intérêt à chercher la justice. Elle ne peut alors qu'être attirée par des valeurs inférieures. À ce propos, la thérapeute chrétienne Leanne Payne déclare : *Lorsqu'un système symbolique sain (une manière intégrée de concevoir la réalité) fait défaut, un système inférieur prend sa place. Chaque fois que de grandes et bonnes images symboliques de Dieu, du cosmos, de la paternité, de la maternité, du masculin, du féminin, etc., sont soit expulsées, soit absentes du psychisme humain, des images inférieures (et même des systèmes symboliques entiers) se développent alors pour les remplacer*[101]. Madame Payne ajoute : *Comme l'a dit Grégoire le Grand : « Si vous ne vous réjouissez pas des choses élevées, vous vous réjouirez des choses viles. » Ceci est vrai pour une société, une nation, le monde, tout comme pour chaque individu*[102].

Un fondement à choisir

Nous devons comprendre que la perspective que nous avons de l'au-delà et du monde invisible et la base sur laquelle nous construisons nos préceptes moraux influencent notre éthique sexuelle et notre manière de considérer les valeurs rattachées au couple et à la famille. Si Dieu est une invention de l'esprit humain ou si l'homme est redevable à quelque vague force issue de la matière, pourquoi ne ferions-nous pas la fête ?

La seule raison qui nous en empêcherait serait la logique d'une morale naturelle de confort. Cependant, dans une société où nous sommes constamment sollicités de franchir les zones interdites, la pratique de la vertu est un défi de plus en plus difficile à relever si elle ne s'appuie que sur une morale naturelle.

Par contre, si Dieu existe, s'il a des exigences morales et si le mal est parmi nous, alors l'univers entier est un véritable champ de bataille. Dans ces conditions, l'être humain est livré à un combat cosmique, et sa vie exige une direction spirituelle. C'est pourquoi, tout au long de l'Histoire, Dieu invite chaque homme et chaque femme à se tourner vers lui et à pratiquer le bien.

La chasteté à retrouver

Les pionniers de la révolution sexuelle ont proclamé l'abolition de tous les interdits. L'humanité entrerait dans le bel âge, disait-ils. L'éclatement de la famille serait vécu comme une libération qui permettrait l'accès au plaisir sans contrainte. Ces révolutionnaires ont voulu propulser l'humanité par-delà le bien et le mal[e].

Cette émancipation générale a été remise en question, toutefois, par des penseurs inquiets, dont Freud lui-même, qui pressentaient la révolution sexuelle. Aujourd'hui encore, nombreuses sont les personnes qui réclament une éthique protectrice. L'humanité est donc tiraillée entre l'attrait du chant des sirènes et la nécessité régulatrice d'une morale, à tout le moins naturelle.

Que nous croyions que Dieu existe ou non, la chasteté peut être vue comme un mécanisme de sauvegarde de la santé humaine et de la famille. Cette conception de la chasteté, construite sur une morale de confort, peut être adoptée par tous. Pour leur part, les croyants authentiques bénéficient d'une motivation supplémentaire. Leur relation avec Dieu produit en eux une transformation qui les incite à être chastes. Leur désir de lui obéir dépasse le discours moral. Ils savent aussi que lorsque leur vie sexuelle s'exprime dans l'ordre désigné par Dieu, elle peut être une expression magnifique des élans physiques et procurer le bonheur.

---

e.　*Par-delà le bien et le mal* est le titre d'un livre de Nietzsche.

Un chrétien épanoui accepte donc avec joie le cadeau de sa sexualité dans le cadre que Dieu a pourvu[103]. La chasteté, dans ce contexte, est une éthique globale du corps et de l'esprit. La recherche de la pureté touche le cœur, l'identité, les actions du corps et la soif d'être près de Dieu pour goûter toute sa plénitude. Elle n'assure pas le salut, mais elle est un de ses fruits.

7

Le corps et l'esprit

De la même façon que le plaisir et la vertu doivent travailler ensemble, le corps et l'esprit doivent ne faire qu'un. L'être humain est rempli de paradoxes. Je suis convaincu, cependant, qu'il est appelé à les résoudre et à vivre comme une personne entière et non comme un être morcelé.

Pour les fins de notre réflexion, lorsque j'utiliserai le mot « corps », je ferai référence à notre enveloppe charnelle, à la partie visible de notre être, tandis qu'avec le terme « esprit », je décrirai nos facultés psychiques, cognitives et spirituelles, qu'elles émanent de la matière cérébrale ou de quelque autre entité encore mal définie. Nous verrons sous divers angles les rapports entre ces deux composantes de l'homme, notamment lorsque nous étudierons le désir et la convoitise. En examinant les valeurs liées à notre corps et celles rattachées à notre esprit, nous observerons encore deux visions du monde. L'une d'elle est avant tout matérialiste. Nous serions le fruit de l'évolution, c'est-à-dire des corps perfectionnés munis d'un bon ordinateur entre les deux oreilles. La seconde conception part du principe que notre être entier serait plus qu'un corps voué à la poussière. Il serait aussi doté d'un esprit capable de transcender le corps, qui agirait dès maintenant et qui nous permettrait de nous préparer pour le grand voyage qui nous attend après la vie présente.

Une autre paire divisée
En plus d'avoir amené la séparation du plaisir et de la vertu, les philosophes grecs et romains ont joué un très grand rôle dans la scission du

corps et de l'esprit. Selon eux, l'esprit, plus pur et lié aux valeurs nobles et à l'au-delà, devait s'exercer à l'ascétisme, tandis que le corps, mortel et imparfait, n'était bon qu'à se laisser diriger par ses sens et par le monde matériel. Deux domaines irréconciliables, pensaient-ils. Malheureusement, ces erreurs ont entraîné l'humanité sur une fausse piste pendant des siècles. Pourtant, il est facile de comprendre que l'esprit n'est pas vertueux du seul fait d'être « esprit » et que le corps n'a pas la capacité en lui-même d'accomplir le bien ou le mal. C'est l'esprit qui fait des choix – tantôt bons, tantôt mauvais – et il travaille avec le corps pour agir.

Soucieux de réconcilier le corps et l'esprit, des philosophes se sont évertués au cours de l'Histoire à renverser les thèses de leurs prédécesseurs grecs et romains et à trouver un principe unificateur. De nos jours, l'approche holistique nous invite à définir les relations existant entre le corps et l'esprit. Elle soutient que l'un et l'autre relèvent d'une réalité commune : celle de la vie de l'être humain tout entier.

Le corps humain

Je ne sais pas pourquoi il nous est si difficile d'avoir une vision simple et réaliste du corps humain. L'Histoire a connu tous les extrêmes. Dans plusieurs cultures anciennes, le corps était un instrument de culte. Ainsi les Mésopotamiens du Moyen-Orient pratiquaient la prostitution sacrée comme un rituel religieux pour obtenir la faveur des dieux responsables de la fécondité de l'être humain et de la fertilité du sol, tandis que certains gnostiques des quatre premiers siècles après Jésus-Christ autorisaient la débauche sous prétexte que le corps n'avait aucune importance et que seul l'esprit comptait. Pour plusieurs musulmans, le corps devait être dérobé aux regards. Quant aux chrétiens, ils ont eu une attitude variable. À certaines époques et dans plusieurs milieux, ils ont confondu le principe biblique de la chair – qui décrit la nature pécheresse des êtres humains – avec la chair elle-même, c'est-à-dire le corps. Au lieu de juger la moralité des décisions de l'esprit et des actions du corps, ils ont donc parfois condamné le corps comme tel et célébré l'esprit à la manière des Anciens Grecs.

Nos sociétés actuelles ont encore la difficulté à bien vivre avec le corps. Les Occidentaux adulent la beauté plastique et l'affichent partout, ce qui a grandement contribué à la fragilisation de notre image corporelle. Le culte de la minceur, par exemple, atteint les fillettes dès l'école primaire. On estimait au Canada, en 1993, que plus de 80 % des filles âgées de 9 ans avaient déjà suivi un régime amaigrissant[104]. Au tournant du millénaire, des chercheurs ont rapporté que parmi les adolescentes canadiennes de 12 à 17 ans, 66 % auraient aimé avoir une silhouette plus mince[105] et que 75 % des filles de 15 ans[106] considéraient qu'elles avaient un excès de poids[a]. L'adolescente américaine semble moins préoccupée par l'image de la minceur. Tout de même, une enquête similaire indique que 46 % des filles ont déjà suivi un régime et que 33 % aimeraient être plus minces[107].

Un autre exemple de notre relation difficile avec le corps est la prolifération de la pornographie, qui découle de l'importance accordée à la beauté plastique. Cette pratique affecte notre perception au point que les femmes ainsi que de plus en plus d'hommes sont poussés à s'y conformer en recourant à la chirurgie ou à des médicaments : gros seins, taille fine, lèvres pulpeuses ou gros muscles, grosses érections. Ces stéréotypes sont puissants dans une culture centrée sur le corps et ils ont des répercussions importantes sur la santé des individus.

La pornographie véhicule l'image d'un corps amplifié, tant dans ses contours que dans ses capacités sexuelles. Or, tous ces clichés ne contribuent qu'à nous éloigner davantage de la véritable nature de notre corps. *On s'entend sur un point : la pornographie n'est pas un exemple de sexualité saine et épanouissante*, déclare Jean-Pierre Rochon,

a. La fréquence de l'anorexie mentale est en augmentation dans les sociétés occidentales où la « minceur » fait figure d'idéal. Elle se manifeste classiquement chez les classes élevée et moyenne, au sein de familles pour lesquelles la promotion sociale et la réussite scolaire ont une grande importance. Les données épidémiologiques indiquent une prédominance féminine (6 à 10 filles pour 1 garçon). L'âge de survenue connaît deux pics : un à 12-14 ans et un à 18-20 ans. La prévalence est autour de 1 % chez les adolescents.

L'anorexie mentale a plusieurs effets pervers : malnutrition, ostéoporose, constipation, usage de tabac (pour son effet anorexigène), faible estime de soi, fatigue chronique, obésité adulte (par hypertrophie des cellules graisseuses), aménorrhée et infertilité.

Sources : Académie Nationale de Médecine, mars 2002.
http://www.caducee.net/DossierSpecialises/psychologie/anorexie.asp
Gagnon (J.), « Le culte de la minceur – Un phénomène inquiétant pour les générations futures », *Le Clinicien*, avril 2000, p. 55-64.

psychologue clinicien spécialisé en cyberdépendance[108]. Des éducateurs aussi se prononcent contre les stéréotypes véhiculés par la pornographie ainsi que par la publicité et les médias en général. D'ailleurs, un des objectifs de l'enseignement de la sexualité aux élèves québécois de 8 à 11 ans est la *prise de conscience de l'existence d'une multitude d'images féminines et masculines stéréotypées et fabriquées de toutes pièces pour servir le marketing et la consommation*[109]. Enfin, les législateurs conçoivent le tort que fait la porno dure ou infantile. C'est pourquoi des lois visant à empêcher leur propagation sont en vigueur dans la plupart des pays occidentaux.

Nous devons saisir que la beauté est plus que l'enveloppe charnelle. Nous devons réapprendre à aimer une personne pour son unicité. La beauté, c'est aussi tout ce qui se dégage d'un être humain: sa manière d'être, de bouger, de rire, de penser et de ressentir. Ces particularités constituent sa grâce, son élégance, son charme. Aussi l'appréciation de la beauté doit-elle dépasser le simple examen des qualités esthétiques du corps pour englober l'écoute des personnes que nous côtoyons afin de pénétrer leur univers spirituel. Nous devons nous émerveiller devant la beauté globale de l'autre. Je ne nie pas l'importance de la beauté extérieure, de l'apparence et des jeux de séduction. Toutefois, un juste équilibre doit être trouvé entre les différents aspects de la beauté, car cette harmonie permet aux amoureux de se considérer comme désirables et de résister ainsi aux comparaisons et à l'épreuve du temps.

L'esprit humain

Nous devons apprendre à jouir de la vie avec notre esprit tout autant qu'avec notre corps. Pour cela, nous devons connaître la nature de chacun. Jusqu'à présent, le corps humain a été assez bien exploré par la science. Cependant, l'esprit recèle encore de nombreux mystères. Nous sommes ébahis à l'idée que cent milliards de neurones munis de dix mille contacts chacun forment un réseau continu, flexible et spontanément actif de 10^{15} connexions. Les scientifiques ont identifié des molécules qui peuvent être libérées au bout de ces connexions. Ces particules, nommées neurotransmetteurs, sont transférées d'un neurone à l'autre et peuvent déclencher de l'activité à l'intérieur des cellules contactées. Des chercheurs pensent aussi que des protéines pourraient garder nos souvenirs en mémoire.

Toutefois, l'esprit est-il seulement le fruit de la circulation d'une information codifiée biologiquement sur l'autoroute des neurones? C'est la question que se posent les scientifiques comme les philosophes modernes. Ainsi dans leur échange, Paul Ricœur et Jean-Pierre Changeux s'entendent sur le fait que l'esprit est plus que la matière, mais qu'il n'est pas facile de préciser la nature de ce « plus »[110].

Quelle est donc la nature exacte de l'esprit? Devons-nous le rattacher à l'homme naturel ou à une destinée cosmique surnaturelle? Les spiritualistes admettent que le corps a ses exigences et ses limites. De leur côté, les matérialistes doivent reconnaître que plusieurs réalités spirituelles demeurent inexpliquées. Mais si l'esprit humain est plus que le résultat des processus neurohormonaux qui sous-tendent la pensée, peut-il accomplir quelque chose en dehors de la matière du corps? Si oui, cela suppose-t-il l'existence d'un monde extracorporel avec lequel l'esprit peut communiquer? Quel serait alors cet au-delà?

La mort et l'au-delà

La conscience de vieillir influence notre discours sur la sexualité. Je me souviens des propos d'une dame dans la trentaine qui expliquait à une adolescente chaste qu'elle ne devait pas attendre que son corps soit tout « sec et ratatiné » pour profiter des plaisirs charnels. N'avait-elle pas raison? Pourquoi ne profiterions-nous pas au maximum des années de notre jeunesse? L'adage « Mangeons et buvons, car demain nous mourrons » ne découle-t-il pas d'une vision réaliste de la triste existence dans laquelle nous sommes tous engagés?

Les existentialistes nihilistes n'ont-ils pas raison de dire: « Pourquoi essayer de préserver ce qui de toute façon sera détruit? Après tout, le vieillissement et la mort sont des réalités qui nous guettent, n'est-ce pas? Et s'il faut devenir esclaves de quelques dépendances pour oublier les souffrances de la vie, que ce soit de celles qui nous procurent le plus de plaisirs possibles, jusqu'à ce que nous en crevions! »? Selon la vision nihiliste du monde, notre vie ne serait donc que néant et notre seule raison de vivre serait de nous amuser. Autrement dit, si l'être humain n'est que poussière d'atomes, nous pouvons balancer les principes au nom desquels nous devrions exercer la chasteté et la modération. En fait, nous devrions être vraiment sages pour ne pas nous lancer à fond dans la logique du plaisir.

Par contre, si nous considérons que l'être humain est plus que la matière, nous comprendrons que l'univers spirituel est une réalité à découvrir. Nous saisirons que la dimension éternelle de la vie humaine influence le sens de notre existence dès maintenant, que la vie présente n'est qu'un passage[b]. Et comment se déroulera l'existence dans l'au-delà? La Bible affirme que ceux et celles qui auront cru en Jésus-Christ[c] ressusciteront dans un nouveau corps immortel, incorruptible et glorieux, régi par un nouvel ordre cosmique[111]. Ainsi si nous saisissons bien la portée du christianisme, nous comprendrons qu'il est loin de nier la réalité du corps, mais qu'il propose une collaboration du corps et de l'esprit, dès maintenant et pour l'éternité.

La vision d'un être global

Oublions les erreurs des philosophes et des théologiens qui ont séparé l'esprit du corps et la vertu du plaisir et adoptons une vision du monde et des valeurs qui les intègre. Vivons dans la globalité de notre être, qui est corps et esprit. En effet, nous devons tenir compte de ces deux entités, qui constituent le fondement de notre personne, afin de mener des vies saines et équilibrées. Nous ne devons ni les confondre ni les fusionner mais leur permettre de collaborer, car le rôle de chacune est vital. Le corps est l'interface active entre notre être et le monde physique. L'esprit humain, quant à lui, perçoit, réfléchit et commande. Il cherche aussi à

---

b. Les théistes sont centrés sur des réalités spirituelles invisibles. Ces réalités peuvent être appréhendées subjectivement, en esprit. Toutefois, la véritable connaissance du divin repose sur les réalités objectives que Dieu a révélées au cours de l'Histoire.

c. Dieu a parlé par la bouche de ses prophètes. Des prodiges et des miracles ont confirmé leurs messages. Puis, le Fils de Dieu, Jésus-Christ, est venu sous une forme humaine et nous a fait connaître Dieu d'une manière très concrète. *Personne n'a jamais vu Dieu : Dieu, le Fils unique qui vit dans l'intimité du Père, nous l'a révélé* (Jean 1.18). Jésus-Christ a guéri plus de malades qu'aucun être humain ne l'a jamais fait, accompli des prodiges et ressuscité des morts. Après sa propre résurrection, pendant quarante jours (Actes 1.3), il a été vu par des centaines de personnes (1 Corinthiens 15.6). Nous découvrons encore aujourd'hui des manuscrits anciens qui confirment l'authenticité des témoignages qui nous ont été transmis par la Bible.

donner un sens à la vie et il est la source des valeurs humaines. Il nous relie au monde spirituel, qui est réel bien qu'invisible. Ni le corps ni l'esprit ne peut donc prétendre occuper à lui seul le centre de la vie humaine.

Les promoteurs de la révolution sexuelle n'ont pas mieux réussi que les philosophes de l'Antiquité à nous conduire sur le chemin de l'harmonie entre le corps et l'esprit. W. Reich et A. Kinsey, par exemple, ont proposé une approche très mécanique de la sexualité. Selon le philosophe François George, ces pionniers étaient incapables de *comprendre que la libido, la capacité d'aimer, s'organise selon une structure sociale qui fait qu'il y a une histoire, une subjectivité, un monde humain*[112]. Avec l'arrivée du sida, la situation n'a fait que s'aggraver. Plusieurs sexologues ont dit que l'approche du sexe protégé – obsédée par le corps – a eu pour effet d'occulter les valeurs intérieures fondamentales. En somme, l'amour humanise le sexe. Sans la conjonction du corps et de l'esprit, la sexualité est déboussolée et elle ne procède plus d'une dramatique propre à l'humanité.

Nous devons comprendre que la jouissance ne vient pas seulement du corps, mais que l'esprit y participe également. Nourri par l'amour et par les yeux, le système limbique s'excite et commande la décharge d'influx nerveux qui foudroient le corps et l'esprit. Notre cerveau – ou bien est-ce l'ensemble de notre esprit? – nous procure cet instant tant attendu où nous expérimentons la jouissance, l'extase, ce mystérieux moment où nous nous retrouvons entre deux mondes. Les grands orgasmes sont des expériences spirituelles. Ils font pleurer. Ils produisent des temps de silence, de béatitude, d'émerveillement. Ils n'exigent pas des acrobaties ni un savoir-faire immense. Ils surviennent dans un contexte où le désir est puissant. Oui, notre vie sexuelle est avant tout le fruit du désir. Or, le désir est une fonction hautement spirituelle. Notre génération est en panne de désir justement parce qu'elle a voulu mettre de côté les valeurs spirituelles. Le désir grandit avec l'amour qui sait attendre. Il grandit avec l'importance que nous accordons à l'autre, tout autant qu'avec la beauté que nous reconnaissons en l'autre lorsque nous le regardons avec les yeux du cœur. C'est pourquoi la chasteté que vivent les couples mariés – fidélité physique et émotionnelle – ou celle des fiancés – abstinence et attente passionnée – est loin de nuire à la vie sexuelle. Bien au contraire!

L'idée qu'un homme ou une femme est un être global doit aussi nous faire comprendre que la vie est constituée de bien d'autres domaines que la sexualité. Allons! Tout n'est pas que sexuel en ce monde. Que je sache, il est possible de jouir de son esprit et de son corps autrement qu'en ayant des activités sexuelles! En plus des activités intellectuelles et artistiques qui peuvent être passionnantes, nous pouvons tirer du plaisir de chacun des mouvements de notre corps. Les sportifs, les danseurs ou les personnes qui ont connu une maladie qui les a empêchés de bouger momentanément comprennent sans aucun doute de quoi je parle. Si l'énergie vitale est plus que la simple énergie sexuelle, pourquoi tant de jeunes que je côtoie pensent-ils que leur vie sera un échec s'ils n'ont pas de relations sexuelles? Parce que notre société est obsédée par la jouissance sexuelle. Par ailleurs, dénoncer le sexe de consommation et l'orgasme obligatoire issus de la pensée de la révolution sexuelle ne suffit pas pour remettre la sexualité à sa place. Nous devons, entre autres, repenser notre rapport avec le corps et l'esprit. Le plaisir que nous tirons de nos relations sexuelles n'est pas une raison de vivre en soi et ne mérite certainement pas que nous y sacrifiions les autres aspects physiques de la vie ou sa dimension spirituelle.

Du discernement à l'action

Dans cette deuxième section, nous avons découvert des valeurs importantes pour notre bonheur. Nous avons exploré différentes visions du monde en nous attardant aux sphères morale et spirituelle de l'être humain. Selon moi, nous devons prendre en considération ces deux concepts. En effet, l'approche morale nous permet d'évaluer les valeurs qui nous sont présentées, tandis que la démarche spirituelle nous situe par rapport à Dieu et nous révèle la nature de l'homme et celle du mal.

Maintenant que nous avons établi ces bases, nous pouvons aller de l'avant en quête de guérison, en cherchant des solutions concrètes aux divers maux que nous avons décrits dans les pages précédentes et en évaluant quelles actions la communauté doit entreprendre pour que ses fondements reposent sur des valeurs solides.

En quête de guérison

8
La survie de la famille

Jusqu'ici, nous avons évoqué divers problèmes liés à la révolution sexuelle et nous avons tenté d'en discerner les causes. Nous avons de plus établi les paramètres qui nous permettent de rattacher les valeurs à différentes visions du monde. Nous devons à présent répondre à la question suivante : voulons-nous changer les choses ? Si oui, quels moyens concrets devons-nous prendre pour guérir les individus, les couples et la nation ? Devons-nous attendre que le gouvernement agisse pour résoudre les problèmes ? Devons-nous croire que c'est seulement l'affaire des autres ou considérer que chacun d'entre nous a un rôle à jouer ? Enfin, devons-nous chercher à modifier uniquement les facteurs sociaux ou réagir aussi à notre tendance à commettre le mal ?

Persévérer dans l'amour

Comme nous l'avons vu précédemment, la révolution sexuelle n'a pas encouragé les couples à persévérer. En réalité, elle a mené une guérilla contre l'idée même de la fidélité et de l'engagement conjugaux, laissant entendre que le concept du mariage était marqué d'une tare. Si nous devons dénoncer cet objectif subversif, nous devons tout de même admettre que les révolutionnaires avaient raison de réagir au fait que plusieurs unions matrimoniales étaient dépourvues d'amour. Toutefois, ils sont allés trop loin dans leurs récriminations.

En effet, l'Histoire démontre que la révolution sexuelle a dépassé largement la pensée de Marx, artisan de la révolution bolchevique, qui a été elle-même le berceau de la révolution sexuelle. Jean-Claude Guillebaud commente ainsi l'excès de zèle des ennemis du mariage : *Lorsque Marx s'en prenait aux mensonges du moralisme bourgeois, c'était avec le projet de libérer l'amour et non de le condamner à un nouveau dévoiement.* « *Si le mariage fondé sur l'amour est seul moral, notait-il, seul l'est aussi celui où l'amour persiste*[113]. » Avec la révolution sexuelle, l'équation s'est transformée. La nouvelle norme a opposé le mariage, perçu comme une prison où la fidélité est une corvée pénible, à l'union libre basée sur le principe de la passion amoureuse.

Pourtant, tous reconnaissent que la passion est une forme subjective d'amour qui ne dure pas. À la journaliste du magazine *La Semaine* qui lui demandait ce qu'il pensait des jeunes qui se quittent après quelques années à peine l'humoriste québécois Yvon Deschamps déclarait : « *Qu'ils sont jeunes, tout simplement! J'ai fait la même chose à leur âge. Quand on est jeune, on vit le syndrome de Roméo et Juliette. Mais être en amour avec quelqu'un, ce n'est qu'un état mental qui dure six mois, un an ou deux tout au plus, alors qu'aimer véritablement, c'est bien différent. Aimer, c'est accepter de vivre avec la personne pour qui on ferait des sacrifices et pour qui on pourrait même donner sa vie*[114].»

Je crois que nous ne devons pas choisir entre la passion et l'engagement, mais tendre vers un engagement qui persévère dans l'amour et l'érotisme. D'ailleurs, les études démontrent que rien n'est plus favorable à une vie sexuelle épanouie qu'un mariage réussi. À la place du mariage obligatoire sans amour et de l'union libre fondée sur la passion, je préconise donc une troisième option : celle où le mariage est un engagement dans lequel deux partenaires s'efforcent d'entretenir leur bonheur, dans lequel l'amour persiste comme disait Marx. Ici, l'idée de persévérer au delà de la passion et au delà de la phase de la lutte du pouvoir[a] est essentielle. Oui, il est possible de vivre une relation matrimoniale saine construite sur des attentes réalistes.

---

a. Selon Yvon Dallaire, sexologue et psychologue, le couple évolue en général selon cinq étapes bien définies, quoique superposées : la lune de miel ou la période de passion, la lutte pour le pouvoir, le partage nécessaire de ce pouvoir pour la survie du couple, l'engagement à tout faire pour s'aider l'un l'autre et, enfin, le désir de servir d'exemple à autrui (*Homme et fier de l'être*, Québec, Option Santé, 2001, p. 246).

Observez les couples heureux. Il est étonnant de voir à quel point leurs valeurs se ressemblent. Le respect, la confiance, l'entraide, l'humour, l'admiration et un but commun alimentent leur quotidien. À l'intérieur de ces unions, chaque personne apprend à distinguer son territoire de celui de l'autre, et les deux sont capables de définir celui qui leur est commun. Ils vous diront qu'il faut s'accepter et cesser de vouloir manipuler l'autre pour le changer. Non seulement ces couples respectent leurs différences, mais ils comprennent qu'ils ne peuvent pas être toujours d'accord. Ils réussissent à prendre leurs décisions et à être satisfaits sans passer d'interminables moments à négocier. Pourquoi? Parce qu'ils savent lâcher prise à tour de rôle, par amour pour l'autre. C'est là une forme d'amour supérieur, que les Grecs avaient décrite en utilisant le mot *agape* et que les premiers chrétiens ont adoptée comme idéal.

Les conjoints doivent veiller à ce que leur relation conjugale se renouvelle sans cesse. Pour cela, ils doivent adopter une éthique où l'amour n'est pas qu'un sentiment. Le psychiatre québécois Paul Sidoun[115] mentionne que de 70 % à 80 % des consultations dans les services de psychologie sont dues à des échecs amoureux et que ces derniers sont liés à une fausse conception de la liberté et à l'impossibilité d'accepter la nature conflictuelle des relations interpersonnelles. Sans dire que tout le monde doit rester marié, ce spécialiste du comportement humain croit à la nécessité de l'engagement parce que le serment place le couple dans une dimension métaphysique qui dépasse de loin la psychologie amoureuse. Enfin, il rappelle que beaucoup de conflits sont tout à fait normaux.

Un ami sociologue expliquait au Dr Sidoun que le mot « dépression » est de plus en plus utilisé quand le mot « conflit » l'est de moins en moins. Pourquoi? Parce que nous avons sorti la relation amoureuse de son contexte réel. Nous en avons fait un idéal au sein duquel l'autre est responsable de nous apporter le bonheur. Aussi, au moindre accroc, à la moindre déception, balançons-nous notre partenaire ainsi que notre projet de vie commun et tous les espoirs que nous y avions placés.

Les couples doivent travailler chaque jour à leur bonheur conjugal et persévérer pour goûter aux fruits de leurs efforts. Ils doivent régler au fur et à mesure leurs petits et leurs gros conflits afin de permettre à leur relation de s'harmoniser au fil du temps. Ce n'est certainement pas parce qu'ils ont un différend ou parce qu'ils expérimentent une période où le désir est moins intense qu'ils doivent rompre leur relation conjugale. Et lorsqu'une personne a tort, elle doit le reconnaître même si elle n'en a pas envie. Elle doit pouvoir dire avec le poète Gilles Vigneault: *J'ai fait de la peine à ma mie. Elle qui ne m'en a point fait. Qu'il est difficile d'aimer!* C'est en saisissant l'ampleur de ses bêtises qu'un être humain peut être conduit émotivement sur des rivages doux et paisibles.

Chercher la guérison

Le mariage peut être vécu comme un lieu de croissance et de guérison. Cependant, certaines personnes sont si blessées à cause d'une enfance difficile qu'elles ont besoin d'une aide psychologique individuelle sans laquelle l'union conjugale est une entreprise périlleuse. Les maladies mentales graves, les problèmes de toxicomanie, de violence, la pédophile sont des exemples de problèmes incompatibles avec une vie familiale heureuse.

De plus, le mariage n'est pas un état qui va automatiquement de soi. Tout le monde n'est pas fait pour vivre à deux. Nous avons à des degrés différents des dons naturels qui nous rendent capables d'être ou non en relation intime avec une autre personne. Nous n'avons pas tous la capacité de nous engager envers une famille et de travailler pour la soutenir. Il y a des gens qui aiment trop le changement pour vivre dans un cadre familial. De même, une personne très égoïste, indépendante ou instable peut rendre la coopération conjugale difficile.

Si la plupart des gens ne vivent pas ces extrêmes, nous devons tout de même savoir que le fait de vivre à deux révèle qui nous sommes vraiment et que la vie conjugale suscite inévitablement des frictions. Toutefois, ces tensions peuvent constituer une opportunité de croissance plutôt que d'être une source de rupture. En effet, le mariage est une toile de fond à partir de laquelle se façonne la personnalité des conjoints. Pour que cela soit possible, il faut, cependant, que deux êtres imparfaits s'accueillent réciproquement et se présentent l'un à l'autre avec leurs bons et leurs mauvais côtés. Cette transparence dans l'amour leur permettra d'atteindre un degré de confiance suffisant pour assurer une communication franche et une coopération sincère. Ce chemin conduit à une intimité réelle et profonde.

Les couples heureux veillent sur leur relation et se réconcilient rapidement. Ils ne laissent pas s'ériger des murs qui les empêcheraient de communiquer avec franchise. Ils refusent que se creusent des fossés qui rendraient leur vie conjugale terne et entraîneraient des comportements de fuite. Bien des partenaires sont blessés parce que l'autre est toujours absent. Parfois, cette situation se produit parce qu'une communication authentique exigerait un rapprochement douloureux, que la personne souffrante n'est pas prête à faire.

Nous devons pardonner ses mauvais côtés à notre partenaire; nous devons aussi choisir de le complimenter pour ses qualités. Il ne s'agit pas de simuler l'admiration envers l'autre, encore moins de le flatter pour mieux le manipuler. L'admiration sincère du partenaire n'est pas seulement une émotion subjective. C'est aussi un choix volontaire qui consiste à souligner les bons coups et les qualités du conjoint plutôt que de mettre l'accent sur ses erreurs. Le fait d'honorer son partenaire stimule le désir que nous avons envers lui en nous faisant prendre conscience de sa grande valeur personnelle. L'admiration procure la fierté d'être des associés dans l'aventure conjugale. Ainsi nous nous construisons mutuellement, et notre mariage devient un lieu de consolidation de l'estime et de l'identité personnelles de chacun. Ce point est fondamental, car bien avant que n'éclate la discorde, c'est souvent l'absence d'une aspiration réelle d'être comblés l'un par l'autre qui tue les couples à petit feu.

Aider les couples en difficulté

Diverses personnes ont réfléchi à des possibilités pour contrer l'éclatement des familles. Certes, il existe des thérapies conjugales. Toutefois, il n'y a pas beaucoup de conseillers spécialisés œuvrant dans ce domaine, d'une part, et plusieurs couples ne savent pas où s'adresser ou n'ont pas les moyens de recourir à ce genre de service, d'autre part. De plus, j'observe que les conjoints qui consultent le font en général quand le processus de rupture est déjà avancé. Or, dans ce cas, il est souvent trop tard pour agir avec efficacité parce que les blessures accumulées rendent la réconciliation difficile. La démarche équivaut à tenter de désamorcer une grenade déjà dégoupillée.

Notre société devrait saisir l'importance de mettre en œuvre des ressources accessibles pour sauver les couples en difficulté. En mettant sur pied un réseau de soutien et en faisant une promotion active d'un programme d'aide, nous pourrions faire un bien énorme à la famille. Des thérapies conjugales pourraient être subventionnées par l'État. Des campagnes de sensibilisation pourraient inviter les conjoints à consulter rapidement; elles pourraient aussi expliquer aux gens l'importance de travailler à la santé de leur union conjugale et les aider à saisir que les couples traversent souvent des tempêtes avant de vivre des temps meilleurs, où le bonheur et le bien-être les attendent.

Prévenir la destruction des couples

Il est possible de prévenir la destruction des couples à une étape encore plus précoce que celle où les conflits surgissent. En effet, les cours d'éducation sexuelle pourraient être un outil majeur en transmettant de l'information avant même que ne débute la vie conjugale. Dès l'école primaire, le système scolaire pourrait faire la promotion du mariage et expliquer les bases d'une communication harmonieuse.

Les enseignants pourraient exposer aux jeunes les avantages de l'engagement et ainsi donner confiance à la génération montante. Nous ne devons plus comme société séparer la sexualité de l'amour et l'amour de l'engagement. Nous devons aider les jeunes à croire qu'un mariage harmonieux augmente les possibilités de vivre un bonheur personnel et familial durable. Les principes qui suivent devraient être inculqués par toutes sortes d'activités éducatives adaptées à l'âge des élèves.

Principes fondamentaux d'une relation conjugale solide:

1. **L'exclusivité à vie** – La fidélité n'est pas une notion relative ou négociable. L'engagement est permanent. L'exclusivité est le rempart et la forteresse qui protègent l'amour conjugal et assurent la survie familiale.

2. **Le partage** – Le mariage est un projet de vie où deux individus nourrissent une vision commune. Le couple forme une communauté qui

partage temps, énergie, ressources matérielles et financières. Chaque personne se consacre à la famille et lui donne ses biens. La confiance, la coopération et l'entraide sont les moteurs de l'activité familiale.

3. **La réconciliation** – Une famille est un lieu de croissance. Elle traverse forcément des crises, mais elle a toujours comme objectif premier de rechercher la paix avec chaque personne qui la compose. Mari et femme, parents et enfants acceptent de se respecter et de se pardonner réciproquement. L'amour véritable n'est pas seulement une émotion aléatoire. Il résulte aussi d'un choix volontaire de se réconcilier lorsque les imperfections individuelles suscitent des désaccords.

Si nous devons parler de sexualité aux jeunes, nous devons aussi leur présenter un tableau réaliste des implications des activités sexuelles à l'adolescence. Comme je l'ai démontré dans le livre *Douze questions à se poser avant...*[116], il y a beaucoup de domaines qui sont influencés par l'expérience sexuelle.

La mentalité actuelle doit être transformée. Lorsqu'on dit à un adolescent qu'il peut avoir des rapports sexuels s'il en a envie, il reçoit différents messages : « Tu peux avoir des relations en dehors du mariage » ; « Le mariage ne vaut pas la peine que tu attendes » ; « Tu peux avoir plusieurs partenaires au cours de ta vie » ; « Une rupture, ce n'est pas si grave que cela » ; « Ta vie sexuelle n'est qu'une fonction de ton corps comme les autres ». Tout cela enlève le caractère sacré et profond des relations sexuelles et ne favorise pas l'engagement et la vision de construire son bonheur à long terme. Les conséquences de ce discours sont observables dans les sondages. En effet, une étude a démontré que 75 % des adolescents et 40 % des adolescentes considèrent qu'il est normal d'avoir des relations sexuelles après quelques sorties seulement[117].

Les éducateurs sexuels doivent présenter des valeurs solides aux jeunes. Ils doivent les aider à penser au delà de la sensualité. Quelle est la signification de la sexualité et de l'amour ? Quelle importance doivent-ils accorder à la fidélité et à la famille ? Une fois ces bases établies, les adolescents doivent être amenés à réfléchir aux meilleurs moyens à prendre pour atteindre les objectifs qu'ils veulent réaliser.

Est-ce en ayant plusieurs partenaires pour le seul plaisir de faire l'amour qu'ils arriveront aux buts qu'ils se sont fixés ? Ou devraient-ils apprendre à maîtriser leurs pulsions et comprendre ce qu'est l'amour véritable afin d'acquérir la capacité d'être fidèles et heureux à long terme ?

Les adolescents doivent aussi recevoir des notions sur leur développement physique, cognitif, émotionnel et spirituel et sur l'impact que les activités sexuelles hors mariage risque d'avoir sur eux avec le temps. Tout en respectant le choix de leurs élèves, les éducateurs doivent être convaincus que l'adolescence n'est pas un moment propice pour l'activité sexuelle. Certes, c'est l'âge où s'éveille la sexualité. Cependant, les jeunes doivent-ils pour autant passer à l'action ? L'acceptation de l'activité sexuelle des adolescents en tant que norme place aujourd'hui les éducateurs dans une situation délicate. Comment, en effet, peuvent-ils présenter la relation sexuelle de façon positive tout en mettant les jeunes en garde contre les dangers qu'elle implique en dehors d'un engagement à long terme ? Faute de pouvoir réconcilier ce paradoxe, la plupart des éducateurs demeurent silencieux sur la beauté de la sexualité conjugale et se concentrent sur les aspects mécaniques de la sexualité : physiologie du cycle menstruel, phases de l'orgasme, contraception, condoms. Or, comme je l'ai déjà expliqué, un tel discours a transformé notre perception du rapport sexuel en un acte technique et a maintenu les jeunes dans un climat de peur de la maternité et des ITS.

En réaction à cette approche, certains éducateurs voudraient que la sexualité soit présentée comme une source de bonheur, sans discernement de l'âge et du contexte dans lequel elle est expérimentée. Ce discours, s'il était adopté, aurait pour principal caractéristique d'occulter les dangers réels des relations précoces. Il est donc très difficile, dans la logique de la libération sexuelle, de concilier l'érotisme et la gestion du risque que représentent les activités sexuelles hors d'une relation conjugale stable à long terme. Seule une éducation sexuelle favorable à la chasteté évite cet écueil.

Valoriser la parentalité et l'enfant
La prise de conscience du potentiel de reproduction lié à la relation sexuelle devrait émerveiller les couples engagés et non les effrayer. Faire l'amour en souhaitant qu'un enfant naisse de cette union est un

instant merveilleux. Que nos corps puissent transmettre une vie conçue à notre ressemblance est un immense privilège. Ceux et celles qui ont des enfants ou qui en veulent comprennent bien que l'enfant comble, d'une certaine manière, notre désir d'éternité. Nous espérons que l'enfant vive plus longtemps que nous, qu'il perpétue notre pensée et nos désirs.

L'enfant apporte beaucoup par son innocence et sa tendresse. Il y a aussi tous ces moments magnifiques passés ensemble à jouer et à partager. L'enfant est d'autant plus proche de ses parents qu'ils investissent beaucoup d'énergie en lui. Ce trésor de la vie est donc, selon moi, une raison de plus pour réserver l'intimité sexuelle à l'être élu. Je ne dis pas qu'il faille idéaliser l'enfant, encore moins le présenter comme un objet de plaisir. L'enfant est une personne à part entière et non la possession de ses parents. Il leur est, en quelque sorte, prêté pour un temps. Il est mis sous leur aile protectrice afin qu'ils le nourrissent, l'éduquent et le chérissent. Si les parents goûtent le bonheur à cause de leur enfant, ils doivent aussi savoir que la venue de ce petit être exigera d'eux des sacrifices et qu'elle impliquera des responsabilités, comme le fait de le discipliner et de le guider pour qu'il devienne un adulte équilibré et épanoui.

Notre mentalité face à la venue d'un enfant doit être révisée. Pour commencer, nous devrions présenter une image positive de la vie humaine. Une bonne éducation des jeunes en ce sens aideraient les futurs couples à mieux accueillir la vie. De plus, nous devrions poursuivre l'éducation des couples mariés au travers des intervenants de la santé et de divers milieux. Ceux-ci pourraient, par exemple, rassurer les conjoints lorsque survient une grossesse non planifiée. Dans ce contexte d'ouverture à la vie, nous pourrions même modifier notre vocabulaire et parler de régulation des naissances plutôt que de contraception, terme qui comporte l'idée d'être contre la conception. En outre, devant le constat de la dénatalité, je crois que notre société devrait favoriser les petits détails qui peuvent aider à accueillir les enfants. Il fut un temps où céder son banc à une femme enceinte était une chose normale. Il y a dix ans seulement, les patients qui consultaient sans rendez-vous acceptaient que les enfants qui pleuraient de douleur dans la salle d'attente soient vus en priorité. Aujourd'hui, si j'ai le malheur d'inviter un tel enfant et ses parents à passer avant les autres malades, je me fais rabrouer par ces derniers. En somme, la collectivité devrait épauler les parents.

Légiférer pour favoriser la famille

Les familles peuvent être aidées de différentes façons. Déjà, l'État soutient la natalité en offrant des déductions fiscales ou des allocations familiales aux parents. Toutefois, les dispositions fiscales visant à aider les familles se sont détériorées à mesure qu'un nombre plus important de femmes ont accédé au marché du travail. Le groupe Vraies femmes du Canada rapporte les faits suivants : *En 1952, un homme gagnant 3000 $ par année pouvait déduire 33 % de son salaire pour son épouse. En 1987, pour l'homme qui gagne 35 000 $, la même déduction n'est plus que de 11 %. En 1952, le même homme gagnant 3000 $ pouvait déduire 5 % de son revenu pour chaque enfant dépendant. En 1987, cette déduction n'est plus que de 2 % pour l'homme qui gagne 35 000 $*[118].

Le Québec, conscient qu'il a depuis longtemps un indice de fécondité inférieur à celui du reste du Canada, a fait preuve d'initiative aux cours des dernières années, cependant, en adoptant certaines mesures. Ainsi le programme des garderies à 7 $, l'aide aux devoirs, l'abolition de la TVQ sur les couches et le lait maternisé et le Régime québécois d'assurance parentale (RQAP) semblent répondre aux besoins des parents présentement sur le marché du travail. Est-ce pour cette raison que l'on a observé une hausse de 8 % de la natalité sur le territoire québécois en 2006 ? Il est encore trop tôt pour le dire, car d'autres facteurs peuvent aussi expliquer ce bon. Quoi qu'il en soit, il semble que l'importance de la famille est en voie d'être mieux comprise.

Une autre avenue pour combattre la dénatalité et aider les familles serait de faciliter l'adoption locale. Il est frappant de voir que beaucoup de femmes souffrent d'infertilité et que plusieurs couples désirent avoir des enfants quand des milliers d'avortements sont pratiqués chaque année. Or, malgré cette situation, l'adoption est très difficile au Québec. Les couples plus riches doivent se tourner vers l'adoption internationale ou vers des techniques de fertilisation *in vitro*. L'adoption locale ne serait-elle pas une solution qui pourrait être accessible à tous ?

Bien sûr, adopter un enfant est une situation moins naturelle que le fait d'être des parents biologiques. De plus, divers troubles psychologiques ont été observés chez les enfants adoptés. Toutefois, on en a noté aussi chez les enfants nés en milieu artificiel et chez les enfants adoptés à l'étranger, pour qui l'adaptation n'est pas toujours facile. Je crois donc que les couples qui ne peuvent pas concevoir un enfant devraient pouvoir choisir l'adoption locale, qui a aussi l'avantage d'être peu dispendieuse. Enfin, l'adoption locale offrirait une alternative aux jeunes filles et aux femmes qui hésitent à subir un avortement.

Au Québec, d'autres idées sont encore en ébullition aux états généraux de la famille, comme l'organisation des quartiers pour donner des services à proximité du lieu d'habitation, la bonification de l'aide aux jeunes familles et l'accès à la propriété. Reste à savoir si de telles mesures favoriseraient la natalité et réduiraient le stress que subissent plusieurs familles en essayant de conjuguer travail et famille.

Promouvoir la famille traditionnelle

Notre société occidentale tend à redéfinir le mariage pour y inclure toutes sortes de situations autres que l'union d'un homme et d'une femme. Or, il est tout à fait légitime de se demander si l'adoption par des familles homosexuelles ou polygames risque de causer des torts irréparables aux enfants et à la société. De nombreux psychanalystes insistent pour dire que le triangle père-mère-enfant est très important pour le développement de ce dernier. Ils se demandent comment un enfant pourrait se faire une idée du féminin et du masculin sans l'apport d'une femme et d'un homme dans la vie familiale. Quant aux rivalités provoquées par les mariages polygames, elles sont déjà documentées par les anthropologues.

Je comprends fort bien que les homosexuels, par exemple, cherchent à définir leur identité et à être acceptés par la société. Je respecte profondément tout être humain, en faisant abstraction de ses choix et de ses convictions. J'ai eu l'occasion d'ailleurs d'accueillir des patients homosexuels et d'apprendre à les connaître. Lors de conférences, j'ai eu des discussions intéressantes avec ceux que j'ai côtoyés. Toutefois, cela ne veut pas dire que j'appuie l'initiative politique de redéfinir le mariage. Il ne faut pas confondre la tolérance envers l'homosexualité et sa propagande. C'est ce que faisait remarquer un groupe d'intellectuels le

17 avril 1998 dans le quotidien *La Presse*[119]. Leur manifeste présentait une réflexion sur la confusion entourant la question des droits de la personne. Maurice Champagne en était un des signataires. Bien connu au Québec, ce psychologue, enseignant, philosophe et essayiste a énormément contribué à l'élaboration d'une politique familiale et à la défense des droits individuels[b]. Par exemple, il a été le principal responsable de l'ajout du critère de « l'orientation sexuelle » dans la Charte québécoise des droits et libertés de la personne afin que les homosexuels ne soient pas victimes de discrimination. Dans cet article de *La Presse*, donc, Maurice Champagne déclarait publiquement que *l'on assiste même passivement à la compromission des organismes de droits de la personne qui faussent la notion même de discrimination, notamment en faisant comme si l'interdiction de la « discrimination » contre un « comportement individuel » équivaut à promouvoir ce comportement en « valeur sociale », voir « naturelle. »* Autrement dit, le fait d'interdire la persécution envers un individu sur la base de son comportement sexuel est confondu avec l'idée qu'il faille accepter la propagande exercée par le groupe auquel appartient cette personne, au point de modifier les normes sociales ou d'adopter ce comportement. En somme, Maurice Champagne réitérait, 20 ans après l'adoption de la Charte québécoise, qu'il fallait vivre en paix avec divers groupes marginaux et les respecter profondément sans pour autant adopter leurs modes de pensée. D'ailleurs, n'est-il pas inconcevable qu'une nation fasse la promotion des idées de tous les groupes minoritaires qui la composent?

---

b. De 1984 à 1988, Maurice Champagne a rédigé une politique familiale et a mis sur pied le ministère de la Famille et de l'Enfance, dont il a occupé le poste de sous-ministre. Il a été de plus responsable du Secrétariat à la famille et a créé le Conseil de la famille. Il a réuni différents organismes communautaires œuvrant auprès des familles afin de leur permettre de mieux collaborer. Il s'est aussi intéressé à la défense des droits de la personne. En 1970, il est devenu le directeur de La Ligue des droits de l'homme du Québec. De 1975 à 1978, il a travaillé à l'instauration de la Commission des droits et libertés de la personne. Il a contribué à l'élaboration de la Loi sur la protection de la jeunesse, adoptée le 24 décembre 1977. [Boily (N.), « En hommage à Maurice Champagne », *Le Familier*, La Fédération des unions de familles, Vol. 24, no 1, février 1999, p. 22.
http://www.litterature.org/notice.asp?numero=116
http://www.familis.org/riopfq/activites/allocution.cloture.html
http://www.radio-canada.ca/nouvelles/18/18436.htm#seg2]

Maurice Champagne et ses collaborateurs disaient encore dans leur manifeste que *la croissance rapide et la visibilité de l'homosexualité n'ont d'égal que le silence des hétérosexuels sur les valeurs de l'Hétérosexualité, du couple homme-femme et de la famille*. En effet, les hétérosexuels réagissent bien peu. Est-ce parce qu'ils traversent eux-mêmes une crise identitaire? Pourtant, ne devraient-ils pas prendre conscience de la validité de leur choix et des responsabilités qui en découlent?

Il est en particulier inquiétant de voir que le système d'éducation enseigne aux adolescents que l'homosexualité est un choix normal parmi d'autres[c] quand ces jeunes sont à l'âge où leur identité sexuelle n'est pas encore très affermie. Il faudrait plutôt que le système éducatif se charge de bien leur expliquer les fondements de l'homosexualité et de l'hétérosexualité à partir de sources fiables. De nombreuses personnes admettent à l'heure actuelle que les faits entourant l'homosexualité ont souvent été manipulés à des fins politiques.

Par exemple, pourquoi a-t-on exagéré la prévalence de l'homosexualité? Pourquoi dit-on au public que l'on naît homosexuel quand il n'y a aucune preuve valable à cet égard? Pourquoi dit-on que l'homosexualité ne se soigne pas lorsque des thérapies se sont avérées efficaces? Je n'entrerai pas ici dans les détails parce que ce n'est pas le sujet principal de ce livre. Je souhaite, cependant, que le milieu scolaire joue son rôle de gardien de la vérité et que les deux communautés, homosexuelle et hétérosexuelle, acceptent de cohabiter sans altérer l'éducation susceptible de transmettre les valeurs entourant l'hétérosexualité.

Espérer contre toute attente
La famille a besoin d'aide, certes. Toutefois, nous ne devons pas nous décourager, car elle est dotée d'une vitalité puissante. Par exemple,

---

c. L'homosexualité n'est pas un simple choix d'activités sexuelles. La réalité est tout autre. En effet, l'expérience démontre que la majorité des homosexuels a vécu une enfance où la connexion avec le parent de même sexe s'est avérée difficile ou impossible. Divers chercheurs croient, d'ailleurs, que cette dernière situation est le facteur déterminant du choix de l'orientation sexuelle. Envisagée ainsi, l'homosexualité serait, elle aussi, une conséquence de nos souffrances familiales. L'accroissement du nombre d'homosexuels ne dépendrait donc pas seulement de la libéralisation des mœurs ou de la propagande gaie, mais également du nombre croissant de familles brisées.

l'histoire de l'ex-Union soviétique montre à quel point le mariage hétérosexuel est une aspiration profonde qui ne peut pas être détruite, même par la révolution sexuelle. Dans la seconde moitié de son livre intitulé *La Révolution sexuelle*[120], Wilhelm Reich décrit les changements qui ont eu lieu en Russie au début du XXe siècle. Il cherche aussi les causes de l'échec de la révolution sexuelle qui avait été entreprise au cours de la révolution communiste.

Reich raconte que des communautés de travailleurs se sont implantées après que le régime de Lénine a décrété la dissolution de la famille en décembre 1917. Ces groupes ont connu les difficultés quotidiennes reliées à la perte d'intimité. La vie dans ces communes ressemblait beaucoup à celle de nos jeunes qui partagent un appartement trop petit pendant leurs études. La seule différence est que l'interdit sexuel avait été aboli. L'idéal communautaire était l'amour libre sans appartenance spécifique. Or, la tendance à former des couples persistait. Ces derniers s'isolaient du groupe, provoquant l'insatisfaction générale. Reich parle d'une *aspiration inconsciente à l'égard de la famille*. La commune avait été créée pour détruire la famille, mais c'est la formation spontanée de noyaux familiaux à l'intérieur des petites communautés qui a eu raison d'elles. Aussi, de 1925 à 1932, l'URSS a-t-elle fait volte-face et est-elle retournée peu à peu à une politique familiale traditionnelle. Voilà qui portait un sérieux coup aux principes naturistes et aux convictions politiques de Reich! Il décrit la situation ainsi: *Maintenant les politiciens réactionnaires triomphent: « Vous voyez que vos théories sont un non-sens. L'Union soviétique elle-même abandonne la fausse doctrine de la destruction de la famille. La famille est et demeure la base de la société et de l'État »*[121].

Cette petite leçon d'histoire devrait nous encourager à militer en faveur de la famille nucléaire, car elle révèle que tout être humain désire au plus profond de lui-même expérimenter une vie conjugale épanouie. D'ailleurs, même si les enfants du divorce ont plusieurs raisons de croire à l'impossibilité de leur rêve, des études démontrent que la plupart des jeunes adolescents aspirent à se marier. En 1992, 85 % des adolescents canadiens voulaient se marier[122], tandis qu'en 2004, 70 % des adolescents québécois l'espéraient[123].

Malheureusement, toutefois, ce désir ne semble pas se concrétiser, car la baisse du taux de nuptialité démontre que les jeunes changent d'idée en vieillissant. Mais n'est-ce pas à cause de l'éducation qu'ils reçoivent et du désespoir que suscite leur environnement plutôt que d'une inclination au célibat ou à l'union libre? En effet, même si les adolescents rêvent initialement d'une belle histoire d'amour conjugale, ils expérimentent leurs premières relations sexuelles tôt dans la vie. En agissant ainsi, ils apprennent souvent à rechercher la sexualité surtout pour le plaisir à court terme. Ils fondent leurs relations amoureuses sur la passion et ils entrent dans le cycle qui va de la baisse de la passion à la rupture, puis de la rupture à la recherche d'une nouvelle passion. Ils finissent donc par croire que toute relation a une fin et qu'ils ne pourront pas construire une vie conjugale stable.

De plus, le fait d'avoir des activités sexuelles transmet aux adolescents l'idée qu'ils auront plusieurs partenaires au cours de leur vie et que faire l'amour n'est pas si extraordinaire que cela. Ils en viennent à oublier qu'ils désiraient partager ce qu'ils avaient de plus précieux – leur intimité, leur corps, leur cœur – avec une personne unique au monde. Certains iront jusqu'à renoncer à l'amour pour ne fonder leurs relations que sur l'attirance physique passagère.

J'espère donc qu'une armée d'hommes et de femmes va maintenant se lever pour apporter la guérison à nos familles. Nous devons faire tout ce qui est en notre possible pour aider les couples à vivre en harmonie. Nous devons avant tout transmettre à la population des valeurs qui présenteront une vision positive de la sexualité à l'intérieur du mariage et de la famille nucléaire hétérosexuelle.

9

La guérison de la nation

La promotion active de la chasteté et sa pratique pourraient à coup sûr améliorer le sort des familles actuelles et celui des générations futures. Cependant, avant que cela se fasse, plusieurs obstacles doivent être surmontés. En effet, dans la plupart des pays occidentaux beaucoup de personnes réagissent mal au seul fait d'entendre le mot « chasteté ». Si nous faisons abstraction des États-Unis où plus de la moitié de la population est favorable à l'abstinence en dehors du mariage, nous pouvons dire que la majorité des adultes de la société occidentale sous-estime les bénéfices rattachés à la pratique de la chasteté et des vertus qui l'entourent : pudeur, modestie, maîtrise de soi, fidélité, sobriété.

Pourquoi cette attitude négative ? N'est-ce pas en bonne partie parce qu'une compréhension erronée du message chrétien a malheureusement causé de nombreuses blessures ? Je l'ai déjà dit, l'évolution spirituelle de notre société s'est faite en parallèle avec le changement des mœurs sexuelles.

Je propose donc ici un retour en arrière afin d'analyser le contexte historique qui a contribué à rendre le peuple québécois « allergique » à la chasteté. En abordant ce sujet, nous pourrons répondre à la question suivante : le christianisme est-il coupable de tout ce dont on l'accuse, ou n'est-ce pas plutôt une forme légaliste et corrompue de cette religion qui a donné cours aux incompréhensions et aux abus que les défenseurs de la révolution sexuelle ont dénoncés avec tant d'ardeur ?

Enfin, si nos ancêtres ont subi des blessures physiques ou émotionnelles de la part d'une société répressive, nous devons aussi convenir que tous les êtres humains ont tendance à se faire du mal les uns aux autres. Et c'est là une raison de plus pour justifier une cure d'âme. Je crois que la guérison spirituelle de la nation et des individus est possible si nous la recherchons avec sincérité.

En guérissant de nos vieilles blessures, nous pourrons nous défaire d'un certain nombre de préjugés et analyser de façon objective le message livré par les groupes qui font présentement la promotion de la chasteté. Nous ne serons plus animés par la volonté plus ou moins consciente de justifier un comportement choisi d'avance en fonction d'éléments de notre histoire collective, qui nous ont amenés à nous comporter comme des enfants rebelles.

Que la nation grandisse!

Je crois qu'une nation est un peu comme une personne. Elle subit parfois des traumatismes, telle une guerre civile ou une catastrophe naturelle. Elle peut souffrir de carences alimentaires lors d'une famine, mais aussi intellectuelles par manque d'instruction. Elle peut avoir été dominée ou abandonnée par ses dirigeants. Elle peut avoir une faible estime d'elle ou chercher son identité. Elle peut avoir un passé qui la hante et agir en réaction à des souvenirs douloureux. Une société peut donc être considérée comme une entité qui a besoin de guérison.

Le fait que le peuple québécois réagit maintenant à son passé m'a été partagé par une psychologue, Line Bilodeau. Ses propos ainsi que ceux présentés dans l'ensemble du chapitre nous aideront à cerner l'origine des préjugés que le discours de la chasteté doit surmonter pour que son enseignement soit accepté. De plus, ils mettront en évidence le besoin d'une guérison collective, en particulier dans le domaine de la spiritualité. Je reproduis ici une partie d'un article que madame Bilodeau a publié dans le journal Internet de Chasteté-Québec[a]. Elle y compare la nation québécoise à un enfant devenu adolescent[124].

Ce que nous pensons maintenant, la façon dont nous réagissons, ce que nous sommes en tant que société est intrinsèquement lié à notre passé collectif. Notre histoire est chargée. Notre peuple, comme bien d'autres, a continuellement lutté pour survivre en tant que société distincte. [...] Une énergie hors du commun et une volonté d'exister ont permis aux Canadiens français de combattre et de résister à l'assimilation de leur langue et de leur culture.

Notre passé religieux aussi est lourd. Il est habité par des figures qui ont laissé leurs marques. Nos relations avec les communautés religieuses se sont établies selon deux directions opposées. Une partie du clergé a favorisé l'instauration des écoles et des hôpitaux, la promotion du savoir et de la réflexion. Par contre, une autre partie s'est associée à la coercition, encourageant la collaboration avec les nouveaux « maîtres » et interdisant aux prêtres et aux curés de prendre le parti des révolutionnaires. [...] Les années 1950, sous le règne de Maurice Duplessis, sont considérées comme étant la période où le pouvoir du clergé a atteint son apogée. Le Québec comptait alors 50 000 religieux, qui dirigeaient les universités, les collèges classiques, la plupart des hôpitaux, les syndicats, les maisons d'édition, ainsi qu'une multitude d'organismes paroissiaux.

Afin d'appuyer ses dires, madame Bilodeau cite au passage un commentaire d'Alain Giguère paru dans *L'actualité* à propos d'un sondage CROP sur les Québécois et la société distincte : *Au Québec, le leadership était laissé aux autorités cléricales. Le curé nous disait quoi faire, puis ce fut le tour des leaders politiques, puis le transfert vers les gens d'affaires. Le Québécois pense que l'institution et non l'individu doit régler les problèmes. Pendant ce temps*, poursuit Giguère, *au Canada anglais, la tradition protestante faisait appel à la conscience de chacun, et c'est la somme des individus qui formait la communauté, pas sa hiérarchie. Ce qui fait que les individus se mobilisent, se regroupent, s'engagent plus volontiers que nous*[125].

C'est dans ce contexte que la révolte commence à gronder, écrit la psychologue en évoquant le mouvement relié au manifeste *Refus global* et le courant « Peace and Love », qui ont contribué à la révolution

---

a. L'organisme Chasteté-Québec a été actif de 2000 à 2009. Il a été fondé afin de soutenir les personnes chastes et de promouvoir l'abstinence en dehors du mariage. L'organisme s'adressait à un public francophone varié en enseignant des vérités bibliques et des faits scientifiques ainsi que des notions historiques et pédagogiques. Les bénévoles qui y ont participé croyaient et croient toujours que la chasteté est une option valable pour tous.

tranquille des années 1960. *[...] Fini l'autoritarisme! Fini le temps de se faire dire quoi faire, de se faire dicter ce qui est bien et ce qui est mal! Place au plaisir, à l'expression des pulsions. Tout devient permis. Les Québécois découvrent leur potentiel. Un vent de libération et de créativité souffle dans tous les domaines. Le sang recommence à circuler dans les veines. [...]*

En somme, le peuple québécois a vécu sa « crise d'adolescence » et s'est défait de la dépendance infantile qu'il entretenait vis-à-vis de ses figures parentales. La mise à distance s'est faite dans un grand remous. La rupture a dû être radicale, compte tenu des forces qui ont été combinées pour lutter contre le désir d'autonomie et la recherche d'identité de ce peuple. L'adolescence est une étape nécessaire, mais elle demeure une étape. Devenir adulte exige à présent un travail de redéfinition, de réconciliation. Nous ne pouvons pas passer notre vie à nier nos racines et à vivre dans la honte de nos origines. Ce serait vouloir vivre à l'extérieur de nous-mêmes.

Un travail de reconstruction de longue haleine doit être entrepris afin de faire le point. Maintenant que nous avons pris un certain recul par rapport à notre passé, le temps est venu de séparer le bon du mauvais. [...] J'écoute les diverses réactions que suscite la notion de chasteté. « Ce discours est de la droite...Ça marche aux États-Unis dans les mouvements religieux ultra-conservateurs, mais ici, ça ne poignera pas. On s'est enfin libérés... »; « Si tu penses qu'on va revenir en arrière et accepter un discours rétrograde...Ça a pris tellement d'effort et d'énergie de la part de nos prédécesseurs pour nous sortir de ce carcan... » Ces paroles reflètent justement une rébellion contre notre passé, où nous avons été contrôlés. Mais la révolte n'est pas une manière saine et adulte de vivre. Créer un lieu propice nous permettant de réfléchir sur des valeurs qui ont subi un rejet complet et collectif est selon moi une façon d'avancer. Or, la chasteté est une de ces valeurs.

Vers une guérison collective

Dans une psychothérapie individuelle, le premier pas consiste à énumérer et à verbaliser les traumatismes subis. Cela se fait aussi pour les peuples. Je connais une intervenante qui est allée au Rwanda avec une délégation canadienne afin d'aider les survivants du génocide à exprimer leurs souffrances. Le simple fait de dire les choses a contribué à la réconciliation de plusieurs Tutsi et Hutu. Et si les Canadiens et les Québécois en particulier faisaient l'exercice dans leur propre pays? Que trouverions-nous dans notre histoire? Devrions-nous travailler à la réconciliation entre les anglophones et les francophones? Entre les Amérindiens et les descendants des Européens venus s'installer dans le Nouveau Monde? Comprendrions-nous que nous souffrons de blessures collectives qui affectent notre sexualité et notre spiritualité? Que nous devons chercher à réconcilier les hommes et les femmes, les parents et les enfants?

Comme l'indique Line Bilodeau, je crois qu'il y a eu, au Québec, des blessures causées par l'Église catholique. Des ecclésiastiques y ont exercé leur autorité avec tellement de force à un moment donné qu'ils ont brimé la liberté de plusieurs personnes. Différents témoins de cette époque rapportent que les gens étaient volontairement maintenus dans l'ignorance, car ils étaient ainsi plus faciles à contrôler. Un peuple qui est gouverné de cette façon a de la difficulté à croire en ses capacités. De plus, l'abus de pouvoir conduit en général à des dérapages. Par exemple, des élèves ont subi l'humiliation d'être repris devant leurs camarades, des pensionnaires ont vécu l'agression sexuelle, et la plupart des individus ont été esclaves d'un système légaliste. Le peuple québécois s'est senti trahi par un clergé en qui il plaçait sa confiance de la même manière qu'un enfant le fait avec ses parents.

Aujourd'hui, plusieurs Québécois ont une perception négative de l'Église. Toutefois, dans leur critique, ils oublient que beaucoup de religieux ont accompli du bien. De même, je ne crois pas que le regard sévère que des personnes portent sur certaines époques de l'Église doive englober tout le christianisme, de tous les temps, comme l'ont suggéré les militants de la révolution sexuelle. Une recherche historique et théologique le moindrement sérieuse démontre vite que l'essence du message biblique n'est pas de dominer la vie des peuples ou des individus, mais plutôt d'aimer et de servir la communauté tout en adorant Dieu.

D'ailleurs, à plusieurs époques, l'Église a combattu la répression sexuelle plutôt que de l'infliger. Cela a été le cas sous le règne de divers empereurs romains. De plus, la répression sexuelle s'observe en dehors des sociétés théocratiques. Par exemple, au Siècle des lumières, la Révolution française a adopté un code moral plus austère que celui de l'Église. Il n'est reste pas moins que le mauvais leadership de certains dirigeants spirituels a produit chez plusieurs Québécois de l'amertume et l'abandon de la foi et des valeurs qui s'y rattachent. Et cela se reflète dans les sondages. En 1993, on a demandé à 1000 Québécois s'ils considéraient l'abstinence sexuelle comme malsaine. Parmi les personnes interrogées, 44,2 % ont répondu par l'affirmative, 48,4 % ont répondu par la négative et 7,3 % ont refusé de se prononcer. La sexologue Louise-Andrée Saulnier a commenté ces résultats de la façon suivante : *C'est faux : l'abstinence sexuelle n'est pas malsaine – 39,7 % des hommes et 56,6 % des femmes ont donné la bonne réponse. Ce qui peut être malsain, c'est si cette abstinence sexuelle est imposée. Lorsqu'elle est un choix, dans tous les sens du terme – c'est-à-dire un choix éclairé –, il n'y a pas de problème. Je crois cependant que ce qui fait que plus de 50 % des gens n'aient pas donné la bonne réponse relève de la dénonciation qui a été faite ces dernières années contre les prêtres qui se sont livrés à des abus sexuels. Du coup, dans l'esprit des gens, le fait d'obliger des êtres humains, particulièrement des hommes, à l'abstinence sexuelle a été perçu comme quelque chose de malsain. Ce n'est pas l'abstinence qui est malsaine, mais bien la répression sexuelle*[126]. En somme, nous portons encore les stigmates d'un passé douloureux. Toutefois, ce qui est positif, c'est que nous commençons maintenant à être capables d'en parler.

En général, dans une intervention d'aide de type psychologique, l'étape d'exploration et d'analyse succède à celle qui consiste à nommer le problème. Une meilleure compréhension de la situation globale peut, en effet, amener la victime à assimiler la blessure, à reprendre sa vie en main et souvent même à pardonner à son agresseur. Aussi serait-il bien que nous examinions le contexte historique où la chasteté était pratiquée afin d'évaluer objectivement cette valeur.

La chasteté des religieux

Par exemple, la question du célibat obligatoire des religieux influence beaucoup la perception que nous avons de la chasteté. Au sein du catholicisme, les membres du clergé doivent faire le vœu de chasteté. Dans ce contexte, il s'agit d'une abstinence sexuelle imposée pour toute la vie. La chasteté a-t-elle été toujours bien vécue par ces personnes consacrées à la religion? Je pense que plusieurs d'entre elles avaient un réel don de célibat, qui leur a donné une facilité surnaturelle pour se consacrer à leur ministère, tandis que d'autres, tout en étant continentes, n'étaient pas très épanouies dans ce système. Enfin, une partie du clergé a été incapable de supporter l'abstinence. Des prêtres et des religieux ont eu des amours illicites. D'autres se sont tournés vers l'homosexualité ou la pédophilie pour satisfaire leurs instincts. Au Québec, il a fallu attendre que l'Église catholique perde son pouvoir pour que des victimes osent dénoncer les agressions sexuelles qu'elles avaient subies.

Lors de la révolution sexuelle, plusieurs religieux ont délaissé les ordres. La soudaine rareté des vocations et la prise de conscience des ratés qu'a connus le célibat obligatoire ont conduit certains groupes à faire des pressions sur le Vatican pour qu'il accorde aux prêtres l'autorisation de se marier. La question a donc été soulevée au sein même de l'Église catholique: peut-on imposer l'abstinence à vie à une personne? Plusieurs arguments théologiques militent contre cette exigence. Par exemple, le célibat obligatoire n'était pas pratiqué par les apôtres du Nouveau Testament ni par les Pères de l'Église, et la doctrine du célibat des prêtres est apparue tard dans l'Histoire. De plus, selon différents historiens, elle n'aurait pas été motivée d'abord par des arguments scripturaires. Enfin, parmi les chrétiens, seuls les membres du clergé catholique romain doivent rester célibataires[b].

La vie sexuelle du peuple
Au cours de l'Histoire, l'Église catholique est intervenue aussi dans la vie conjugale de ses fidèles. C'est pourquoi l'analyse de notre blessure collective justifie également un regard dans cette direction. Ainsi les prêtres ont souvent donné des instructions sur ce qui était permis ou défendu

---

b. Les pasteurs protestants peuvent se marier. En ce qui concerne les prêtres catholiques orthodoxes, les candidats au sacerdoce peuvent se marier avant d'être ordonnés prêtres, mais les prêtres et les diacres ne peuvent plus se marier une fois ordonnés. [http://catholique-nanterre.cef.fr/faq/pretres_pasteurs. htm#pr%EAtres]

de faire dans la chambre à coucher. Pour le peuple canadien-français, la sexualité prônée consistait à se marier, à être fidèle à sa femme ou à son mari et à avoir beaucoup d'enfants. Une certaine crainte de la jouissance sexuelle, même légitime, transpirait du discours ecclésiastique.

Pour faire justice à l'Église catholique, cependant, il faut préciser que la religion faisait partie d'un système de pensée plus global, qui dans tous les domaines réprimait le plaisir et encourageait le sens du devoir. La vie de nos ancêtres était rude. En fait, nous pourrions parler davantage de survie. Nos aïeuls n'ont pas connu la société de loisir et de consommation qui a caractérisé la fin du XXᵉ siècle et le début du XXIᵉ siècle.

Au Québec, ce qu'on a nommé la revanche des berceaux est un bon exemple de l'autorité qu'exerçait l'Église catholique et d'un certain consensus qui la liait au pouvoir politique. Après la défaite des colonisateurs français par les Britanniques, l'Église était la seule institution assez solide pour prendre la défense des francophones. Elle a adopté comme stratégie d'encourager les couples mariés à avoir plusieurs enfants afin d'assurer la survie du peuple canadien-français et d'accroître son influence politique. Les prêtres prêchaient donc de ne pas faire obstacle à la nature en favorisant la reproduction, qui était, disaient-ils, le but premier du mariageᶜ.

Si les gens étaient en général sincères dans leur foi et dans leurs élans patriotiques, il reste qu'ils trouvaient souvent, néanmoins, que le clergé était trop exigeant. Des femmes fatiguées à cause des lourdes tâches qu'imposait la famille en venaient à repousser leur mari afin d'éviter une nouvelle grossesse. Certains hommes supportaient mal la continence, et les débordements ont été catastrophiques. L'inceste se vivait assez fréquemment et, bien sûr, il était tenu secret. J'ai rencontré dans ma

---

c. À la même époque, un discours populationniste identique est apparu dans un contexte semblable en France. En effet, les guerres de Napoléon avaient fait plus d'un million de morts. Aussi, devant la menace démographique de l'Allemagne, autant le pape que les dirigeants politiques ont-ils prôné des mesures incitant à la natalité. De leur côté, les protestants n'ont pas mis autant l'accent sur la reproduction. Pour eux, la fin première du mariage est l'amour conjugal. C'est pourquoi ils ont été en général plus ouverts aux moyens contraceptifs – à l'exception de l'avortement et du stérilet, car ils détruisent la vie.

pratique médicale plusieurs personnes qui ont été agressées dans leur enfance ou leur adolescence.

La loi du silence régnait. Dans un tel contexte, les adolescents pouvaient difficilement apprivoiser leur sexualité, puisqu'ils ne pouvaient pas en parler. Même dans les familles qui ne vivaient pas l'horreur de l'inceste, les jeunes nourrissaient parfois de la culpabilité à l'égard de leurs désirs sexuels, et les parents avertissaient souvent leurs filles qu'ils les mettraient à la porte si elles devenaient enceintes. Puisque la sexualité était entourée de tabous et de peurs, les gens acquéraient une vision négative du plaisir et de la rencontre sexuelle, même au sein du mariage.

L'Histoire explique donc pourquoi les Québécois croient aujourd'hui que la chasteté est une idéologie associée à la religion et qu'elle est impossible à vivre. Il est fort compréhensible que le peuple soit offusqué et blessé. D'ailleurs, il est intéressant de constater qu'au Canada et dans d'autres pays, la révolution sexuelle a été plus marquée et le taux d'union libre est plus élevé aux endroits où l'Église catholique était présente. Il semble, cependant, que la répression de la sexualité était exercée aussi dans des milieux protestants. De plus, un phénomène comme celui des agressions sexuelles existait partout et existe encore dans nos sociétés séculières modernes, car le mal est une caractéristique du cœur humain, que la personne soit religieuse ou non, contrainte à l'abstinence ou non.

La nécessité d'une réconciliation

Toujours en regard d'une démarche thérapeutique, l'étape qui suit la compréhension des blessures peut être décrite comme l'acceptation du traumatisme et la reconstruction d'une nouvelle identité. Il n'est pas toujours possible de se réconcilier avec son agresseur. Toutefois, une victime doit vivre, au moins à l'intérieur d'elle-même, une certaine forme d'apaisement si elle veut se détacher de la colère et des autres émotions négatives liées au souvenir traumatique. Le pardon permet cela. Il est une étape importante de la guérison.

Qu'en est-il sur le plan collectif ? Nous savons que l'inconscient d'un peuple est une force puissante et que les expériences douloureuses du passé laissent des marques qui se transmettent d'une génération à l'autre. Aussi toute nation doit-elle prendre conscience de ses blessures et entreprendre une démarche collective afin d'évacuer les fantômes qui la hantent.

Je pense qu'il y a de multiples avantages à ce que le peuple québécois pardonne à l'Église catholique. Mais je suis réaliste ! Le fait d'amener les parties opposées à se parler en vue d'un pardon ne garantit pas le succès de l'entreprise. De plus, aucun processus de réconciliation n'assure à priori la paix à long terme. Enfin, la réconciliation ne fait pas disparaître le mal du cœur des êtres humains. Les limites d'une telle démarche sont donc évidentes. Pourtant, je suis certain que ce geste pourrait avoir une influence positive sur la société, les familles et les individus.

Je crois que le pardon que le peuple accorderait à la personne ou à l'autorité qui l'a oppressé permettrait de libérer une bonne partie de la tension qui s'est accumulée dans l'inconscient collectif. Il contribuerait à l'éclosion de choix volontaires, conscients et éclairés. En bref, cette approche permettrait de se réapproprier une vie spirituelle engourdie.

Cependant, comment pardonner quand la colère gronde encore au fond du cœur ? La repentance du coupable encourage toujours la personne blessée à lui pardonner. Elle n'est pas essentielle, mais elle facilite le processus. La reconnaissance par l'Église de sa culpabilité dans certains domaines serait donc souhaitable. Elle aiderait le peuple à pardonner les fautes commises. Le pape Jean-Paul II peut certainement être considéré comme un modèle à cet égard. En effet, la plupart des observateurs reconnaissent que les nombreux voyages qu'il a faits à l'étranger ont constitué des pas vers la réconciliation de plusieurs nations avec l'Église catholique. Même si de telles démarches ont une influence partielle, elles contribuent sans aucun doute à apaiser la colère des peuples et des groupes concernés. Par exemple, à l'occasion de la prière universelle de la messe du 12 mars 2000, Jean-Paul II a fait une demande de pardon qui portait sur les points suivants :

- *les péchés des chrétiens en général, et le manque de conversion ;*
- *les erreurs commises dans le service de la vérité (p. ex., l'Inquisition) ;*

- *les divisions de l'Église (schismes; guerres de religion);*
- *l'antijudaïsme;*
- *le manque de respect des peuples, des cultures ou des autres religions (p. ex., les croisades);*
- *les péchés contre la dignité de la femme ou l'unité du genre humain;*
- *les manques de respect aux droits fondamentaux de la personne*[127].

Je crois aussi qu'il serait important que les dirigeants catholiques locaux ainsi que les représentants des autres confessions chrétiennes reconnaissent leurs erreurs et demandent pardon pour les abus commis dans leur pays respectif. On objecte souvent que le clergé en place n'est pas responsable des fautes commises antérieurement. Or, cette mentalité juridique du « coupable payeur » bloque toute démarche de guérison collective. De plus, il est surprenant de l'entendre de la bouche d'une Église qui prêche par ailleurs avec ferveur la communion des saints. La notion du Corps de Christ ne transmet-elle pas l'obligation d'une plus grande solidarité des fautes commises par nos frères et nos sœurs de la même congrégation ? Je crois donc que les communautés religieuses responsables de crimes sexuels pourraient demander pardon au nom des personnes fautives qui ne sont plus de ce monde. De même, l'Église devrait se repentir pour tout comportement autoritaire qui ne reflétait pas l'attitude du serviteur compatissant que Jésus a voulue pour ses représentants.

Je pense que la société réagirait de façon positive à une telle démarche si elle est faite avec sincérité, d'une part, et si elle est désintéressée, d'autre part. L'aveu n'aurait pas pour objectif de banaliser le mal commis, encore moins de ramener la victime sous un joug. En effet, les dirigeants de l'Église devront saisir que l'objectif n'est pas d'anesthésier notre mémoire collective, mais de la rendre moins sensible à ses blessures. En terme psychologique, l'idée serait d'aider le peuple à sortir de la relation passive-agressive qui marque son rapport avec le clergé. Le but de l'exercice ne serait donc pas d'acheter la paix par une courbette qui ferait tout oublier.

Qu'il s'agisse de la relation peuple-Église, homme-femme ou parent-enfant, le pardon est plus qu'un geste sentimental visant à tout oublier. En général, ceux et celles qui croient cela recommencent ce qu'ils ont chassé trop facilement de leur pensée. Nous devons toujours tirer une leçon de nos expériences. Par la confession, la personne repentante cherche à libérer sa conscience et à modifier son comportement. En recevant le pardon, elle peut apaiser le jugement de sa propre conscience de même que la critique des autres à son égard. Lorsqu'elle accorde le pardon, la victime, quant à elle, abandonne sa colère, ses schémas cognitifs déformés et obsessifs. Cette démarche lui permet de tourner la page. Finalement, les deux parties peuvent décider d'aller de l'avant ou non dans le rétablissement de leur relation. Si elles choisissent de le faire, ce sera un geste libre et consenti de part et d'autre sur la base d'un respect mutuel acquis au travers du pardon. La repentance contribue donc d'une manière significative à la guérison du coupable comme de la victime. Un vrai processus de pardon accentue la mise à distance émotionnelle entre deux individus ou deux groupes antagonistes. Il aide à clarifier l'individualité de chacun.

Notre parcours vers la réconciliation pourrait se limiter à la dimension humaine. Toutefois, il pourrait comprendre de plus une démarche spirituelle. En effet, si nous invoquions aussi la faveur de Dieu, les répercussions du pardon surpasseraient celles qui découleraient d'un acte fait seulement sur le plan humain. L'intercession du peuple viserait la purification spirituelle de l'attitude fautive que nous avons en ce moment et la délivrance des conséquences du mal commis dans le passé contre nous[128]. Cette libération surnaturelle pourrait avoir des effets qui dépasseraient le psychique, même collectif. Ainsi il arrive fréquemment que ce type de prière soit suivi de bénédictions remarquables sur les plans social, économique et politique.

Notons enfin que les gens comprennent souvent mal l'effet spirituel du pardon qu'ils accordent. Ainsi plusieurs croient qu'en pardonnant, ils effacent ou nient la culpabilité de l'offenseur. Pourtant, la Bible dit que le fait de pardonner à son prochain, vivant ou mort, ne changera pas le jugement de Dieu à son égard pour les péchés qu'il a commis[129]. Pardonner signifie simplement demander à Dieu de s'occuper de la situation[d].

L'analyse de conscience

Plusieurs pays ont un arrière-plan catholique. Je crois que le fait de pardonner au clergé catholique aiderait chaque peuple qui a vécu sous son influence à être plus objectif dans la lecture de son histoire. Bien des nations seraient alors sans doute moins radicales dans leur rejet de la foi. Elles pourraient mieux évaluer certaines données et éviter les accusations gratuites. En effet, tous les religieux n'ont pas été des agresseurs d'enfants ou des séducteurs de femmes, et de nombreux prêtres étaient remplis de bonnes intentions dans leur ministère. De plus, comme êtres humains, nous avons tendance à oublier les œuvres bienfaisantes d'un groupe lorsque des fautes viennent salir sa réputation. Une analyse de conscience impartiale nous permettrait de considérer aussi le bien qu'a accompli l'Église.

Je crois donc que chaque peuple devrait faire son examen de conscience afin que la démarche du pardon soit bilatérale. D'ailleurs, la nation québécoise a aussi commis des fautes durant les années où elle a été dominée. En outre, comme c'est souvent le cas lors d'une révolution, le persécuté est devenu le persécuteur. C'est pourquoi nous devrions évaluer les propos qui ont été tenus depuis la révolution tranquille à l'égard de l'Église et des religieux. Je ne crois pas qu'ils soient tous fondés. La révolution sexuelle a déclaré la guerre à tout ordre moral. Par conséquent, il fallait s'attendre à ce que les représentants de l'autorité spirituelle soient contestés et mis au pilori. Même si certaines récriminations étaient justifiées, il ne s'agissait certainement pas d'un procès inspiré par un sentiment de justice. La rébellion était ouverte et avouée.

Un retour en arrière nous permettrait de mieux saisir la nature de l'action révolutionnaire, qui souvent jette le bébé avec l'eau du bain. Comme un adolescent intransigeant, un peuple n'est jamais gagnant lorsqu'il fait table rase de la sagesse ancestrale. Nous avons renié les principes moraux pourtant essentiels à la survie de l'humanité. Or, s'il

---

d.   Selon la Bible, chacun de nous aura à rendre compte de ses actions à Dieu. Or, tous les humains étant pécheurs, seul le pardon accordé par Dieu par la foi en l'œuvre de Jésus-Christ sur la croix est suffisant pour innocenter l'offenseur. En pardonnant, la personne blessée peut donc être certaine qu'une justice sera rendue : ou bien Dieu jugera l'offenseur ; ou bien il lui pardonnera parce que Jésus-Christ a été condamné à sa place.

y a une chose que la révolution sexuelle aura prouvée, c'est qu'une société ne peut se passer de règles. Non seulement les valeurs qui protégeaient l'intimité sexuelle ont été dévastées par la révolution tranquille mais, de surcroît, notre capacité de connexion avec Dieu obtenue par l'intermédiaire de l'Église a été sérieusement amoindrie. Interrogé lors d'une table ronde, le dramaturge montréalais Wajdi Mouawad, qui a connu d'autres types de sociétés, pose un regard objectif sur notre peuple et décrit la situation à l'aide d'une comparaison intéressante : *Par rapport à la religion, la société québécoise me fait penser à un type qui rompt avec sa blonde, mais qui continue à l'aimer et à en dire du mal pendant des mois*[130]. Avec la révolution tranquille, c'est donc comme si nous avions vécu une peine d'amour. Autant la relation était devenue insupportable avec l'Église catholique, autant le peuple s'est senti seul en la reniant. Aujourd'hui, plusieurs réagissent au vide causé par l'abandon d'une foi collective comme des amants délaissés, et certaines personnes courent après toutes sortes d'expériences spirituelles pour combler leur aspiration d'éternité.

Je crois que l'âme des Québécois éprouve un réel attachement aux réalités spirituelles. Je ne crois pas que nous puissions nous en passer sans qu'une souffrance profonde s'installe en chacun de nous et dans notre société. Cela ne veut pas dire que nous devons retourner à l'état où nous étions. En tant que nation, nous pouvons mûrir notre foi et grandir. Un peuple adulte doit constamment faire de nouveaux choix. Mais être adulte, c'est avoir la liberté de les faire avec sagesse.

La réconciliation avec Dieu

Finalement, nous devons saisir que l'hommerie qui existe dans l'Église peut nous empêcher de nous réconcilier avec Dieu. En effet, une personne en révolte contre l'Église a tendance à ne plus croire en Dieu. En analysant notre réaction vis-à-vis du clergé, nous devons donc évaluer si c'est le message de Jésus-Christ que nous avons du mal à accepter ou si ce sont les erreurs commises par un système politico-religieux infidèle au message biblique.

Lorsque nous étudions l'Histoire, nous constatons vite que plusieurs fautes commises par l'Église sont le fruit de dogmes qui n'ont pas d'assises dans la Bible ou sont le résultat d'événements qui ont causé la panique des dirigeants. Que l'on considère ce prêtre qui ne peut supporter l'abstinence et à qui l'on refuse l'accès au mariage, le pape Urbain II qui a lancé les croisades ou encore le silence de l'Église devant Hitler, il serait important de distinguer entre l'enseignement des hommes et celui des Écritures saintes. Et des erreurs, il s'en commet encore aujourd'hui dans l'ensemble de la chrétienté. Par exemple, les Québécois aiment bien se moquer des télé-évangélistes américains qui quêtent de l'argent pour leurs projets grandiloquents et qui tombent ensuite dans l'immoralité. À cause d'erreurs humaines, le nom de Dieu est parfois bafoué, et des gens en viennent même à nier son existence. Tout cela, en bonne partie du moins, à cause de fautes commises par des hommes!

Que des croyants fassent des erreurs ne devrait pourtant pas nous surprendre, puisque la Bible dit que tous les êtres humains sont pécheurs. Le fait d'être racheté par le sang de Jésus-Christ ne rend personne infaillible. D'un autre côté, cela ne veut pas dire que l'Église ne fait que des erreurs. Si nous mettons de côté notre jugement à l'égard des dirigeants religieux, nous pourrons mieux considérer notre position vis-à-vis de Dieu et du message qu'il veut nous communiquer. Commençons donc par regarder à nos propres erreurs et à celles de la société actuelle. Par exemple, l'inceste et les agressions sexuelles ne sont pas disparus de nos jours. Loin de là! Et qui peut se considérer exempt de toute faute? Si nous accordons le pardon pour les erreurs commises et reconnaissons nos propres calomnies, nous entendrons plus facilement la voix du Seigneur.

Je crois que rien n'est plus sain pour la conscience qu'un dialogue réfléchi et ouvert avec soi-même et avec Dieu. Il permet d'accéder à plus d'objectivité, d'arrêter d'être sans cesse en réaction contre les erreurs du passé et de choisir d'accueillir la foi en fonction de ce que Dieu dit dans la Bible afin de construire sa vie spirituelle sur un fondement solide.

Voulons-nous grandir?

Bien sûr, le présent porte les cicatrices du passé. Cependant, je crois que le processus de guérison décrit dans ce chapitre pourrait permettre à la nation d'évaluer son système de valeurs, notamment dans le domaine de la sexualité. Il pourrait lui permettre d'étudier sérieusement l'éthique de la chasteté sans être embrouillée par toutes sortes d'émotions. Reste à savoir si nous désirons vraiment comme société accueillir la chasteté. Pour ceux et celles qui s'y opposent, l'argument historique demeurera toujours un alibi commode. Il est facile d'entretenir l'amertume lorsqu'on ne veut pas faire face à la réalité.

Il y aura donc certainement des gens qui ne voudront pas se réconcilier parce qu'ils sont trop attachés à la norme permissive que la révolution sexuelle a fixée. En effet, le discours qui entoure la chasteté représente une certaine menace pour les personnes qui préfèrent axer leur vie sur la seule recherche du plaisir. Car non seulement la chasteté nous interpelle au sujet de notre style de vie et de notre engagement conjugal, mais elle nous amène à réfléchir aux grandes questions du bien et du mal, du sens de l'existence et de notre destinée éternelle.

Je comprends aussi qu'il est difficile pour plusieurs journalistes et éducateurs de véhiculer des idées qui sont à contre-courant. Ont-ils toujours la latitude requise pour s'exprimer? Craignent-ils pour leur image? Ou n'osent-ils tout simplement pas aller trop loin dans l'exercice de leur jugement moral, comme si cette donnée ne devait plus exister de nos jours? Quoi qu'il en soit, cette tendance à évacuer toute pensée morale stérilise la vie intellectuelle et pousse les individus à être de plus en plus passifs et souffrants.

Souhaitons donc qu'il y ait des personnes courageuses qui osent aborder ces sujets sur la place publique afin de faire grandir la nation. Nous ne devons pas fuir les grandes questions mais chercher à y répondre. De même, nous ne devons pas enfouir notre histoire au fond de notre mémoire, mais la comprendre et l'accueillir. Je crois que chacun d'entre nous sera plus libre de grandir et d'adopter des convictions et des valeurs solides quand le peuple se sera réconcilié avec son passé.

10
La collaboration des sexes

Les relations entre les hommes et les femmes aussi ont besoin d'une restauration. En effet, comment pouvons-nous envisager la vie amoureuse et le mariage d'un œil favorable si les hommes et les femmes n'arrivent pas à s'entendre et à être bien ensemble?

Par nature, il est difficile pour les hommes et les femmes de se comprendre, car ils pensent et ressentent les choses de façon différente. De plus, les blessures occasionnées par la domination de la femme par l'homme au cours des siècles et la guerre des sexes qui en a découlé ont contribué à creuser davantage le fossé entre eux en transmettant, parfois de génération en génération, une mauvaise image de l'autre sexe. Plusieurs féministes ont bien essayé de rétablir les choses. Toutefois, dans le domaine des relations conjugales, le discours des militantes n'a souvent été qu'un renvoi de l'ascenseur autorisant les femmes à émettre autant de critiques et à véhiculer autant de préjugés à l'égard des hommes que ces derniers l'avaient fait envers les femmes.

Nous devons surmonter les tensions qui divisent les hommes et les femmes afin que chaque personne se sente respectée, comprise et accueillie en tant qu'individu et être sexué. De plus, si nous voulons achever la réforme des rapports hommes-femmes déclenchée par le mouvement féministe, nous devons cesser de proposer des actions influencées par la colère des uns et des autres. Comme nous en avons discuté au chapitre précédent en parlant des relations entre le peuple et l'Église, les hommes et les femmes doivent parler de leurs blessures, se pardonner mutuellement et tourner la page vers des lendemains meilleurs. Puisque les hommes et les femmes ont des perceptions différentes et ont connu des souffrances propres à leur sexe, le succès du dialogue hommes-femmes repose sur la prise de conscience des blessures respectives et sur la reconnaissance des caractéristiques masculines et féminines.

Des femmes dominées

Plusieurs inégalités existaient autrefois entre les deux sexes. À l'inverse des hommes, les femmes n'avaient pas librement accès à l'instruction et au marché du travail. Elles ne pouvaient ni participer à la vie politique ni voter. Trop souvent, les filles étaient contrôlées. De plus, le clergé ne permettait pas aux femmes mariées d'utiliser des méthodes de régulation des naissances. Aussi les mères étaient-elles souvent épuisées par leurs nombreux enfants et par les tâches ménagères. Pas étonnant que les femmes se soient révoltées !

Si aujourd'hui nous avons une meilleure compréhension globale de l'égalité de la valeur des sexes et de la nécessité de s'entraider, il n'en demeure pas moins que des préjugés, qui ont été construits de longue date par les hommes envers les femmes, persistent. Des filles sont encore traitées avec discrimination et entretiennent toutes sortes de sentiments négatifs liés à leur sexe dans certaines familles occidentales et dans divers pays.

Des hommes confus

Les hommes ont d'abord été ébranlés par la révolution industrielle, qui a redéfini leur place dans l'économie. Puis, le mouvement féministe a contesté la place du père au foyer et a remis en question le rôle traditionnel du mari protecteur et instigateur de la sexualité. On a voulu des hommes roses pour découvrir ensuite qu'ils n'ont rien d'excitant pour les femmes. On a pensé que la venue de pères qui « paternent » à la manière des femmes permettrait aux couples de mieux répartir les soins à donner aux enfants. Toutefois, on a oublié dans ce processus qu'un père n'est pas une mère et qu'une mère n'est pas un père. Les deux sont essentiels et doivent reconnaître leur apport spécifique. Enfin, puisque la révolution sexuelle a rejeté en bloc toute forme d'autorité, elle s'est attaquée, elle aussi, aux hommes en portant atteinte à la notion de chef de famille. Des observatrices reprochent maintenant aux hommes d'avoir démissionné, d'être mous et absents. Pourtant, ce que les femmes attendent d'eux est souvent confus, au point que plusieurs se demandent en quoi consiste au juste la masculinité. Les mâles ont été largement critiqués au cours des dernières décennies. Ils ont été peu honorés et peu valorisés en tant qu'hommes. Devons-nous alors nous étonner qu'ils montrent des signes de faiblesse?

Une haine transmissible

Le fossé qui sépare les hommes et les femmes a des racines profondes. Il prend sa source dans une conscience formée au fil du temps par le milieu où l'on grandit. Beaucoup d'hommes et de femmes, en effet, entretiennent des images préconçues envers l'autre sexe parce qu'ils viennent d'une famille où un parent était violent, absent ou inconséquent. Par exemple, plusieurs pères ont commis l'inceste ou dénigré leurs filles ou leurs fils. Ils ont ainsi terriblement perturbé leurs enfants. Celui qui devait procurer la protection et l'amour est devenu la principale source de contrôle et de honte. D'autres pères indignes n'ont démontré aucun amour aux leurs. Ils ont été des exemples minables et n'ont pas su aimer leur femme.

Plusieurs mères ont fait souffrir leurs garçons. Par vengeance envers des hommes, elles ont parfois dénigré la virilité de leurs fils ou leur ont fait subir des mauvais traitements. Des mères, abandonnées de leur conjoint, ont adopté une attitude dépendante envers leurs enfants mâles, certaines allant jusqu'à l'inceste. D'autres ont simplement surprotégé leur progéniture, créant ainsi des êtres dociles mais révoltés à l'intérieur qui, une fois devenus adultes, craignent le sexe féminin ou deviennent misogynes.

Enfin, des blessures psychologiques émanent des foyers où régnait la violence. Le souvenir de scènes traumatisantes impliquant les parents ne peut que créer de la méfiance dans le cœur des enfants qui en sont témoins, même s'ils n'ont pas été eux-mêmes frappés physiquement.

Une fois adultes, ils risquent de reproduire les mêmes gestes, soit comme agresseurs, soit comme victimes.

À cause de leurs souffrances, des hommes et des femmes ont donc acquis une perception négative de l'autre sexe et ont tendance à la transmettre à leurs enfants, qui risquent de l'assimiler et de la véhiculer à leur tour. Or, un être humain, homme ou femme, ne peut acquérir son identité ni atteindre sa maturité sexuelle tant qu'il n'a pas intériorisé des images positives du masculin et du féminin. Par conséquent, les relations entre les hommes et les femmes risquent d'être cahoteuses aussi longtemps que les individus ne seront pas en paix avec les représentations intérieures de leur sexe respectif et du sexe opposé. Pour toutes ces raisons, nous devons saisir l'importance de travailler non seulement sur le plan de la revendication des droits mais encore sur celui de la guérison.

D'ailleurs, si les féministes et les hoministes radicaux semblent défendre des droits fondamentaux, en réalité, plusieurs militants mènent leur croisade parce qu'ils ont été blessés par des personnes du sexe opposé. Or, le fait de réagir aux blessures ne règle pas toutes les injustices. Bien souvent, au contraire, la colère maintient ou creuse des fossés. Ces personnes entretiennent un discours qui ne permet pas le rétablissement de relations saines entre les sexes, mais qui nourrit plutôt une guerre axée sur le contrôle de l'autre.

Une souffrance culturelle

La souffrance des deux sexes ne découle pas que des dysfonctions familiales. Elle est aussi entretenue par la culture dans laquelle nous vivons. Beaucoup d'injustices ont marqué les femmes au cours de l'Histoire. C'est pourquoi, dans son ensemble, le féminisme a soulevé plusieurs points légitimes. Cependant, comme cela se produit avec la plupart des discours révolutionnaires, la vision féministe a souvent oublié des éléments importants dans son analyse.

Par exemple, le féminisme radical a insisté pour dire que le paternalisme était la source de tous les maux et qu'il fallait l'abolir. Le mouvement n'a pas pris en considération le fait que le système patriarcal, lorsqu'il jouait correctement son rôle, pouvait répondre à des besoins féminins essentiels. C'est pourquoi, bien que les mécanismes de protection traditionnels aient été éliminés, les femmes cherchent encore à être protégées, tout en voulant, toutefois, conserver les acquis de leur émancipation. Ainsi elles réclament de l'État qu'il les protège par des lois ou par divers services appropriés à leurs besoins.

Dans son élan, le féminisme a négligé aussi de définir suffisamment l'essence féminine. Les femmes auraient plutôt imité la mentalité des hommes. Ce phénomène est en particulier évident dans le domaine professionnel, où les femmes sont vite devenues prisonnières du modèle masculin du pouvoir. Paul Tournier, médecin et auteur réputé, déclare : *Cette idée que répètent tant de féministes que ce sont les études, une profession et un titre seulement qui peuvent valoriser une femme est tout à fait masculine. Et ces féministes me semblent là étrangement influencées par les préjugés masculins. Cela appartient à une société fonctionnelle que conçoivent les hommes, où c'est la fonction qui valorise la personne et non la personne qui valorise la fonction. Ceux qui y cèdent, en réalité, doutent de leur valeur en tant que personne. Ne voir de victoire féministe que lorsqu'une femme assume une fonction comme un homme, c'est encore confirmer le préjugé de supériorité masculine, puisque c'est prendre l'homme pour modèle*[131].

Les femmes ont copié le modèle masculin également en sexualité. Il est d'ailleurs assez cocasse de voir plusieurs femmes imiter les hommes dans les domaines où elles ont spécialement souligné leurs gaffes. Par exemple, la société qui a précédé la révolution féministe valorisait la virginité et la fidélité des femmes; par contre, elle était plutôt tolérante à l'égard des hommes. Cette double norme a fait partie des injustices que le féminisme a dénoncées, avec raison. Toutefois, au lieu d'interpeller les hommes et d'être des modèles, certaines féministes se sont mises à prôner l'infidélité à leurs consœurs comme s'il s'agissait d'une nouvelle vertu. Les femmes avaient maintenant le droit de faire les mêmes erreurs que les hommes! Elles qui avaient reproché aux hommes d'être volages en amour allaient exprimer leur égalité en agissant comme eux! Ne devaient-elles pas plutôt apprendre à leurs compagnons l'importance fondamentale de la fidélité conjugale pour le mieux-être de l'individu, de la famille et de la société?

Enfin, un dernier point sur lequel le féminisme n'a pas apporté une pleine lumière est celui de la violence. L'agressivité de certains hommes a beaucoup fait réagir le mouvement féministe et, du coup, les femmes ont cessé de voir qu'elles aussi pouvaient être violentes. De plus, le discours féministe a eu tendance à généraliser la violence comme étant le fait de tous les hommes. Il s'agit, bien sûr, d'une généralisation simpliste, mais qui s'est avérée dévastatrice. Ainsi, à cause de cette minorité d'hommes, le mâle a été érigé officiellement dans une position d'agresseur potentiel et, dans la pensée populaire, la femme est depuis présumée victime jusqu'à preuve du contraire.

Mais des observateurs commencent à y voir plus clair. Récemment, la féministe Élisabeth Badinter s'est prononcée sur un sujet tabou : la violence des femmes envers les hommes. Il faudrait cesser, affirme la philosophe et auteure du livre *Fausse route*, de confondre tous les types de violence et d'amplifier les statistiques. Elle insiste sur l'importance d'être honnête et de se pencher sur le phénomène de la violence faite aux hommes par des femmes. *À force de crier à la « violence de genre », on se rend coupable d'un nouveau sexisme qui n'est pas plus acceptable que le premier*[132], déclare-t-elle.

Plusieurs intervenants se plaignent à l'heure actuelle que les statistiques d'agressions envers les femmes ont été largement exagérées par les groupes féministes et les organismes gouvernementaux. Quant aux agressions des femmes envers les hommes, elles auraient été occultées. D'ailleurs, des recherches révèlent que les femmes aussi sont souvent agressives envers les hommes au cours de leur vie conjugale[133]. Ce discours cherchant à rétablir la vérité est certes encourageant. Toutefois, nous pourrions devoir vivre encore longtemps dans ce climat qui représente un obstacle de taille au rétablissement des bonnes relations entre les hommes et les femmes.

La compréhension mutuelle

Malgré les enjeux que je viens de soulever, je reste convaincu que la libération de la femme a été positive. Par exemple, elle a permis à l'ensemble des hommes de découvrir la valeur fondamentale de leurs compagnes. Cependant, il reste encore du chemin à parcourir, et plusieurs féministes se demandent comment franchir les dernières étapes. L'une des solutions serait peut-être d'évaluer si l'impasse actuelle du mouvement est liée à un désir de dominer, puisqu'en créant une ambiance de compétition avec l'homme, plusieurs femmes se privent d'un bon allié.

Aujourd'hui, le nouveau féminisme, moins radical que celui des années 1960 et 1970, parle de construire des ponts entre les deux sexes. Ainsi la féministe Katie Roiphe rappelle ses troupes à l'ordre quand elle dit: *Certains hommes sont des violeurs, c'est vrai. Mais il y a une marge entre le fait d'admettre cette vérité et celui de croire que chaque homme que l'on rencontre peut nous violer. Être consciente des situations dangereuses, éviter de traverser seule un parc désert, ne pas prendre le métro tard le soir, cela ne signifie pas qu'il faille systématiquement se méfier d'un homme rencontré chez des amis qui nous invite au restaurant*[134].

Pour nous épanouir comme homme ou comme femme, nous devons accueillir la spécificité et les revendications de l'autre. Les personnes qui forment des couples doivent cultiver l'amour et l'admiration de leur partenaire. Elles doivent aspirer de tout leur cœur à nourrir leur amitié et renoncer à tout contrôler selon leur mode de pensée individuel.

Les hommes et les femmes doivent s'apprivoiser sur le plan individuel, mais aussi collectif en faisant tomber des barrières. À cet égard, l'éducation joue un grand rôle. Comme parents, nous devons encourager nos enfants à considérer l'autre sexe de façon positive. De même, les professeurs peuvent influencer les élèves en leur transmettant une vision positive des hommes et des femmes. L'adolescente doit découvrir ce que madame Roiphe nomme « la vraie nature des hommes »: leur fougue, leur force, leur capacité d'imposer des limites, leur tendresse parfois maladroite ou cachée, et leur besoin de jouer, de construire, d'enseigner, de se mesurer et d'entrer en compétition. Le garçon aussi doit apprendre à connaître les filles: leur besoin de s'affirmer tout en se sentant protégées, de côtoyer et d'admirer la virilité sans se sentir écrasées, d'accueillir les autres, d'être sensibles à la manière de faire plutôt qu'à la quantité à produire.

Bien sûr, ces caractéristiques ne sont pas absolues. Ce sont des tendances. Tout en reconnaissant l'existence de particularités propres à chaque sexe, nous devons saisir que chaque personne est unique et a développé son potentiel féminin ou masculin à divers degrés[a]. Nous devons éviter d'être la source de préjugés qui cristallisent la perception de l'autre et reconnaître une personne pour ce qu'elle est vraiment, d'où l'importance de la communication. Nous devons rejeter les stéréotypes sexistes et comprendre qu'il y a, en réalité, bien plus de points communs entre les hommes et les femmes que de différences. Par exemple, nous avons tous les mêmes besoins fondamentaux. Toutefois, ces similitudes ne doivent pas occulter nos différentes manières de penser et de ressentir les choses. De plus, nous devons saisir la complémentarité qui caractérise l'homme et la femme.

La société doit trouver des balises qui seront acceptées par les deux sexes. Elle doit se représenter les êtres humains de manière à fournir une place qui soit propice à l'épanouissement de chaque sexe. Humain d'abord, puissant et fragile à la fois, fort et doux, l'homme doit prendre sa place au foyer comme père et mari et dans la communauté comme acteur social. Il doit pouvoir se distraire avec ses pairs tout en assumant ses responsabilités. La virilité de l'homme doit être reconnue comme une caractéristique positive. Toutefois, elle doit cohabiter avec la tendresse.

De même, la femme doit être reconnue comme une personne à part entière qui est plus forte que l'homme à bien des égards et plus faible que lui sous d'autres aspects. Elle doit être autonome, responsable, capable de travailler dans plusieurs domaines mais libre de rester au foyer si elle en a envie. Elle doit pouvoir elle aussi exercer une saine autorité.

---

a. Nous ne devons pas confondre le sexe et le genre. Ce sont deux notions différentes. Le sexe, comme tel, ne décrit qu'une caractéristique biologique. Cependant, chaque homme et chaque femme possèdent une portion de masculin et une de féminin. En général, un homme exprime davantage le masculin, et une femme, le féminin. C'est pourquoi on parle des caractéristiques habituelles des hommes et des femmes. Ainsi le féminin est une terre d'accueil. Il insuffle la vie. Il communique subjectivement, souvent intuitivement, en vue de construire des relations et de trouver le sens des choses. Le masculin, quant à lui, aime donner une forme objective au contenu de la pensée. Il se sert de la parole pour structurer, nommer et donc pour donner une identité. Sa volonté est centrée sur l'activité à accomplir. Son ambition se concentre sur des domaines à conquérir.

Les hommes et les femmes ont besoin d'être éclairés afin de ne pas confondre les rôles interchangeables, comme les tâches domestiques, et les fonctions inaltérables qui caractérisent les genres. Yvon Dallaire, psychologue et sexologue, explique ainsi la notion de fonction des parents[b] : *Si la mère représente l'amour fusionnel, le père représente les limites, les frontières, la séparation psychologique*[135]. Il ajoute que la fonction du père est d'aider ses enfants à acquérir la maîtrise de soi, à renoncer à la satisfaction immédiate de leurs besoins et de leurs désirs ainsi qu'à canaliser leur agressivité vers une expression constructive. En somme, le père a *comme fonction d'humaniser l'enfant à la frustration et au manque afin de pouvoir l'intégrer dans le monde adulte et le monde social*[136]. La mère est donc la principale source de sécurité et d'affection, tandis que le père est celui qui fournit d'habitude l'identité et les limites et qui encourage sa progéniture à réussir et s'envoler hors du nid.

La question du pouvoir

Le dialogue hommes-femmes doit reposer sur une double approche : la reconnaissance des blessures subies et infligées de part et d'autre et l'amorce d'une réflexion qui aurait le courage d'évaluer les prémisses de la révolution sexuelle et du mouvement féministe, notamment celle concernant la quête du pouvoir.

Le pouvoir n'est pas une mauvaise chose en soi, mais il peut être mal utilisé. La Bible déclare qu'il a été déformé par le péché. Au départ, l'être humain était appelé à dominer la terre pour en faire un jardin magnifique. Cependant, parce qu'ils se sont détournés de Dieu, des malédictions ont été déposées sur l'homme et sur la femme. Dieu a dit à l'homme : *la terre sera maudite à cause de toi ; c'est avec peine que tu en tireras ta nourriture tous les jours de ta vie*[137]. De même, il a dit à la femme : *Ton désir se portera vers ton mari, et lui, il te dominera*[138]. Selon ce dernier texte, il est clair que la domination de l'homme sur la femme est une tendance qui découle de la nature corrompue de l'être humain.

Qu'elle soit l'œuvre de l'homme ou de la femme, toute forme de domination brise l'harmonie des relations. La tyrannie éloigne du bonheur

---

b. La notion de fonction découle des caractéristiques du genre décrites plus haut.

social, conjugal et familial auquel chaque être humain aspire. Toutefois, cela ne veut pas dire que toute forme d'autorité est mauvaise. Ainsi une nation a besoin de dirigeants. De même, une famille a besoin d'un chef capable de maintenir l'harmonie et de créer l'unité du noyau familial tout en prenant soin de chacun de ses membres et en les protégeant. Autrefois, ce rôle était dévolu à l'homme.

La révolution sexuelle et le féminisme ont eu tendance à rejeter le pouvoir établi et en particulier celui exercé par l'homme. Il y a pourtant une place pour l'autorité et la force masculines. Pour faire régner l'ordre, il faut fixer des limites et les faire respecter, idéalement sans violence. L'autorité est une puissance d'affirmation, une fermeté qui offre un cadre, prend en charge des projets et accepte d'assumer les conséquences des décisions prises. L'homme est capable de collaborer, de dicter des règles et de déterminer des sanctions afin de maintenir la paix. La femme aussi peut être en position d'autorité et exercer un pouvoir à partir des attributs masculins de sa personnalité, pour le bien de la société ou de son entourage.

Nous devons apprendre à partager le pouvoir et à bien l'exercer au sein de la famille et de la communauté. Les adolescents spécialement devraient être guidés dans leur apprentissage des relations interpersonnelles entre les hommes et les femmes. C'est ainsi que la journaliste Annie Deslauriers suggère aux jeunes couples de s'entendre, dès le début, sur la nécessité de se respecter mutuellement[139]. Elle recommande aux ados d'exprimer leurs opinions, leurs désirs et leurs besoins. La colère doit être verbalisée, dit-elle, mais sans provoquer de dispute. Madame Deslauriers explique que les habiletés visant à désamorcer les situations violentes doivent être acquises dès l'adolescence. Des recherches canadiennes démontrent, d'ailleurs, que 60 % des adultes agresseurs sexuels le sont depuis cette période de leur vie[140]. L'enseignement visant à favoriser l'harmonie entre les sexes doit donc être fait tôt, aussi bien auprès des filles que des garçons.

Sur le plan politique, les diverses instances gouvernementales devraient adopter une attitude favorable à la réconciliation des sexes. À l'heure actuelle, nous agissons beaucoup plus dans une perspective de défense des droits. Or, cette approche contribue davantage à maintenir l'hostilité qu'à améliorer les relations. Nous devrions plutôt proposer des mesures qui permettraient aux deux sexes de collaborer et de définir la place de chacun. Nous devrions éviter, entre autres, que seulement des hommes ou seulement des femmes ne siègent au sein d'organismes ou de groupes de travail qui s'occupent des questions reliées à la famille ou au statut de l'homme et de la femme. Enfin, j'espère que le mouvement féministe saura coopérer avec les divers groupes hoministe qui commencent à faire entendre leur voix.

La guérison comme objectif

La guérison est un aspect négligé, nos blessures constituant un sujet tabou. De plus, lorsque ces thèmes sont évoqués, ils le sont en général de façon superficielle ou pour condamner l'autre sexe. C'est pourquoi, en plus de véhiculer une vision positive des deux sexes et d'agir sur le plan politique afin d'amener les hommes et les femmes à collaborer, nous devons chercher à guérir les blessures déjà subies. Oui, notre monde est jonché d'hommes, de femmes et d'enfants blessés. Tous ne souffrent pas des mêmes injustices. Cependant, plusieurs traînent le fardeau de leur douleur, chacun à sa manière.

L'apaisement de ces blessures peut être réalisé par différents moyens et contribuer ainsi à la réconciliation des sexes. D'abord, il serait souhaitable que les individus qui ont subi des blessures dans leur enfance de la part d'une personne de l'autre sexe se rendent compte que ce traumatisme influence leur perception et qu'ils ont besoin d'aide.

Outre les thérapies individuelles, il existe certains mouvements de solidarité visant la guérison. Cependant, ils sont d'habitude organisés par et pour des personnes du même sexe. De plus, ils sont malheureusement souvent colorés d'une certaine haine envers l'autre sexe. Je me souviens, par exemple, avoir voulu m'informer auprès d'une de mes patientes qui était hébergée dans un centre pour femmes si elle prenait bien ses médicaments. Toutefois, on m'interdisait l'accès à ma cliente. Surpris, j'ai demandé la raison de ce refus. On m'a alors indiqué que la politique de la maison consistait à se méfier de tous les appels téléphoniques venant de la part d'un homme.

Une autre fois, lors d'un congrès, j'ai participé à un atelier dirigé par un couple de professionnels qui avait réussi à surmonter cet obstacle. Ayant travaillé dans des centres d'hébergement pour femmes, ces intervenants expliquaient que plusieurs d'entre elles en ressortaient avec plus de méfiance et de colère à l'égard des hommes qu'elles n'en avaient à leur arrivée. Ils avaient donc constitué des équipes de guérison mixtes et avaient obtenu de très bons résultats. La communication des blessures doit se faire en présence des deux sexes, disaient-ils, afin de permettre une interaction et une réconciliation autant avec les images masculines que féminines.

La communauté aussi pourrait organiser des rencontres favorisant la coopération, la compréhension et le pardon. Nous devons déposer les armes et apprendre à parler sainement de nos blessures. Peut-être trouverons-nous difficile de créer un climat propice à l'expression des émotions douloureuses qui nous habitent. Pourtant, cette démarche est nécessaire pour accéder à la guérison, car toutes les réflexions philosophiques, scientifiques ou politiques concernant les relations hommes-femmes ne sauraient remplacer l'ouverture des cœurs.

Enfin, l'Église peut contribuer d'une manière significative à cette réconciliation des genres humains. J'ai d'ailleurs eu l'occasion de vivre une belle expérience de réconciliation des sexes dans une église où je donnais une série de conférences sur la chasteté. À la fin de l'un de mes exposés, j'ai proposé aux hommes et aux femmes de se regrouper selon leur sexe. Il y avait une cinquantaine de personnes : des couples, des célibataires, des jeunes et des adultes d'âge mur. J'ai demandé aux hommes de prier pour les femmes, et aux femmes de faire de même pour les hommes. Au début, les gens hésitaient. Puis, collectivement, il y a eu des demandes de pardon qui ont fusé de part et d'autre. Les incompréhensions étaient mises en lumière. Il y a eu des pleurs, à cause de vieilles blessures qui faisaient que certains en voulaient à toutes les femmes et certaines, à tous les hommes. Ensuite, nous nous sommes serré la main. Les sourires étaient extraordinaires. Quelque chose de beau avait été libéré.

Bien qu'imparfaite, l'Église sait qu'elle peut compter sur l'intervention de Dieu. Si l'apôtre Paul se considérait comme un ambassadeur de la réconciliation des hommes avec Dieu[141], il estimait aussi que la communauté des croyants pouvait vivre des relations humaines fraternelles et que les races et les sexes seraient profondément réconciliés s'ils cherchaient à vivre en harmonie avec la pensée du Christ. La démarche spirituelle de l'Église expose donc l'extraordinaire pardon qui nous réconcilie avec Dieu, avec les autres et avec nous-même. Le pardon permet, en outre, l'apaisement des tensions entre les hommes et les femmes. Ce principe diffère de la tolérance. En effet, si cette dernière est une absence de réaction ou même de jugement, le pardon, quant à lui, est une décision de ne pas condamner à la suite d'un jugement. L'approche spirituelle s'intéresse donc aussi à la guérison, mais elle le fait sans négliger la sphère morale.

Une réconciliation essentielle

S'il y a un espoir pour le couple et la famille, il devra à coup sûr passer par une réconciliation des hommes et des femmes en tant que genre. Heureusement, toutes les femmes et tous les hommes n'ont pas été blessés par l'autre sexe. Aussi serait-il important que les personnes qui jouissent d'une identité sexuelle solide et qui ont du discernement et de bonnes capacités relationnelles militent pour un féminisme et un hominisme constructifs. Elles devraient prêter une oreille attentive à la détresse d'êtres sexués, hommes ou femmes, qui cherchent à mieux se définir et à mieux vivre en relation les uns avec les autres.

Même si la perspective de chacun est différente, les hommes et les femmes d'aujourd'hui doivent saisir le point de vue de l'autre et arriver à un consensus. Soyons vigilants et refusons de nous laisser enliser dans une guerre de pouvoir. Tendons-nous la main. Ouvrons nos cœurs au pardon. Cherchons des valeurs salutaires et nous trouverons guérison et lumière.

En quête d'une vraie révolution

11

L'exemple des adultes

La restauration des relations brisées au sein de la famille et de la communauté ne se limite pas à la guérison et à la réconciliation. Elle exige aussi que nous instaurions des structures qui nous permettraient de maintenir les acquis et de transmettre notre sagesse aux générations futures. De nombreux partenaires peuvent contribuer à l'avènement d'une culture qui ferait la promotion de valeurs morales solides tout en soulignant la beauté de la sexualité. Dans les chapitres qui suivent, nous examinerons comment divers acteurs peuvent travailler ensemble à réorienter une révolution sexuelle qui connaît des dérapages. Mais d'abord, nous devons saisir que nous sommes tous concernés par la question et que nous pouvons tous participer à l'élaboration de solutions.

Les adultes peuvent agir

Nous devons réfléchir à l'influence que nous avons auprès des jeunes. Trop souvent, nous attendons passivement en espérant que l'État intervienne pour que les choses bougent. Nous oublions que les vrais changements surviennent quand les individus se réveillent et assument leurs responsabilités. Cependant, pour que cela se produise, plusieurs personnes doivent prendre conscience de la réalité dans laquelle la libéralisation des mœurs nous a plongés.

Si le premier livre que j'ai publié est destiné principalement aux adolescents[142], celui-ci est écrit avant tout pour les adultes, car je suis

151

convaincu que peu importe l'angle sous lequel nous considérons la sexualité, ces derniers ont toujours un grand rôle à jouer. D'ailleurs, puisque ce sont les adultes qui ont amorcé la révolution sexuelle, ne serait-ce pas normal que ce soit eux maintenant qui fassent le point et qui l'achèvent en accomplissant une saine réforme de la manière de vivre les relations amoureuses?

Les parents sont des modèles

Les jeunes ont besoin de bons modèles pour établir une identité sexuelle équilibrée. Et contrairement à ce que nous pourrions penser, les adolescents croient que leurs parents les influencent davantage que les vedettes de musique et de cinéma. Ainsi une étude pancanadienne menée en 2006[143] par l'Association canadienne pour la santé des adolescents (ACSA) auprès de 1171 jeunes de 14 à 17 ans et de 1139 mères d'ados de cette tranche d'âge a démontré que 45 % des jeunes considèrent leurs parents comme leur premier modèle, soit la plus haute cote parmi les choix de réponses suggérés[a]. Toutefois, la même enquête a révélé que la majorité des mères interrogées pense que les vedettes et les amis ont plus d'influence que les parents. Ces données devraient donc pousser les parents à jouer un plus grand rôle auprès de leurs enfants.

Si certains ados exaspèrent leurs parents lorsqu'ils ne semblent pas prêter l'oreille à leurs propos, en réalité, la majorité d'entre eux observe avec attention tout ce qu'ils disent ou font, et la plupart grandiront en adoptant les valeurs parentales. C'est un principe de base, peu importe que les valeurs véhiculées soient bonnes ou mauvaises. Les adultes doivent saisir que les jeunes les imiteront tôt ou tard.

Trop de parents pensent qu'ils n'ont aucune influence sur leurs adolescents. Certains croient que leurs enfants ne sont pas intéressés à discuter de sexualité avec eux ou qu'ils sont déjà très bien renseignés. D'autres estiment qu'ils n'ont pas les connaissances requises pour parler de ce sujet avec leurs jeunes ou que cette question est trop embarras-

---

a. L'échantillon est considéré comme représentatif parce qu'il a été tiré du bassin de consommateurs d'Ipsos-Reid, composé de 150 000 foyers représentatifs de la diversité des familles canadiennes. La marge d'erreur est de 2,9 %, 19 fois sur 20, par rapport à ce qu'aurait donné l'interview de tous les adolescents canadiens.

sante pour qu'ils l'abordent ensemble. Pourtant, en plus de démontrer que l'exemple des parents compte pour eux, l'étude de l'ACSA a révélé que les adolescents considèrent leur père et leur mère comme la seconde source d'information la plus utile et la plus fiable en matière de sexualité et de santé sexuelle, la première citée étant l'école[b]. Les parents devraient donc chercher à parfaire leurs connaissances dans ce domaine. En le faisant, non seulement ils deviendront de meilleurs enseignants naturels, mais ils apprendront également des notions utiles pour leur propre vie.

De plus, tous ces parents qui hésitent oublient qu'ils peuvent apporter à leurs enfants ce qu'aucun livre ou qu'aucun programme scolaire ne peut leur transmettre : la dimension affective du vécu. D'ailleurs, je crois que leur principal apport se situe justement dans ce domaine et qu'en acceptant de partager ainsi leur vie avec leurs enfants, ils ont la chance de les influencer de façon marquante.

Les parents peuvent parler avec leur cœur. Sans tout raconter, ils peuvent exprimer ce qu'ils ont appris de leurs expériences amoureuses et sexuelles. Ils peuvent expliquer ce qui aurait dû être ou ne pas être. Bien sûr, leur transparence peut les amener à dévoiler des souffrances qu'ils vivent comme homme ou comme femme. Cependant, une certaine ouverture, même si elle est douloureuse, est souhaitable. Elle peut apporter la guérison aux familles et permettre aux enfants devenus adultes d'avoir une sexualité épanouie.

Un jour, j'ai discuté avec une adolescente qui vivait difficilement les tensions conjugales de ses parents. Elle aurait voulu que son père demande le divorce. Je suivais le couple en thérapie. La mère était violente envers le père à l'occasion, et le climat familial était tendu. Pourtant, cette femme aimait son mari et ses enfants. Elle regrettait de ne pas pouvoir se contrôler. Au cours de notre entretien, j'ai fait prendre conscience à la jeune

---

b.   Au Québec, une récente réforme scolaire a fait disparaître l'enseignement systématique de la sexualité et propose que cette matière soit intégrée dorénavant aux cours obligatoires. Les professeurs, sur une base volontaire, sont responsables de cette intégration. Aussi, si les différents professeurs ne voient pas l'importance d'aborder ce sujet, est-il fort probable que les parents deviendront la première source d'information de leurs adolescents dans ce domaine.

fille que ce qu'elle vivait dans sa famille n'était pas si grave en comparaison de ce que sa mère et son père avaient enduré au cours de leur enfance respective. Ses parents souffraient de terribles séquelles, mais avaient tout de même réussi à ne pas trop reproduire les modèles qu'ils avaient reçus. Cependant, une délivrance complète des schèmes de pensée dont ils avaient hérité ne s'était pas encore produite. J'ai donc expliqué à mon interlocutrice que chaque génération n'arrive pas à coup sûr à une guérison complète. Je lui ai aussi dit que si une génération est consciente de l'influence qu'elle a sur la suivante, elle peut lui transmettre un meilleur héritage. Ainsi comme on monte les marches d'un escalier, les enfants auront un modèle qui sera progressivement meilleur jusqu'à la libération complète de l'emprise des blessures. J'invitais de cette façon l'adolescente à être un bon modèle si un jour elle avait des enfants. De plus, je l'encourageais à avoir de la compassion pour ses parents et à leur pardonner.

L'éducation parentale est tellement plus que le fait de communiquer l'information appropriée. Elle est faite de témoignages et d'anecdotes remplis d'émotions. Contrairement à l'instruction scolaire, les conseils des parents accompagnent les adolescents au milieu des situations concrètes qu'ils vivent. Les idées acquises seront liées à leur mémoire émotionnelle. En faisant partie de leur histoire personnelle, elles s'incrusteront plus facilement dans leur système de valeurs. Elles joueront donc un rôle différent de l'information qui est conservée par la mémoire cognitive.

L'éducation parentale moule l'enfant. Elle contribue à l'acquisition de l'identité personnelle et sexuelle ainsi qu'à la croissance de l'estime de soi. Si les valeurs transmises sont bonnes et si le climat dans lequel elles sont véhiculées est propice, les parents forment des fils et des filles qui auront une solide identité. Par contre, si les valeurs prônées et l'atmosphère familiale sont malsaines, les parents déforment, fragilisent et avilissent la personnalité de leurs enfants. C'est pourquoi j'aimerais tant que les parents prennent conscience de leur pouvoir et qu'ils acceptent de jouer un rôle actif et positif auprès de leurs jeunes.

Les adultes veulent-ils être des modèles exemplaires?

Indépendamment de l'évaluation qu'un adolescent fait de ses parents, il les prend comme guides et comme modèles. Par exemple, peut-être sommes-nous choqués que le sexe de consommation devienne de plus en plus la norme pour les jeunes, mais n'agissons-nous pas nous-mêmes pareillement? Jean-Pierre Rochon écrit: *La dépendance des jeunes à la cigarette, aux jeux, aux drogues sans parler d'Internet existe bel et bien. Mais comment peut-on leur reprocher de vouloir consommer? L'exemple vient de haut, en tout premier lieu, de la famille et de la pression sociale à surconsommer*[144].

Nos actions parlent souvent plus que nos paroles. Du moins, elles peuvent discréditer complètement notre enseignement verbal. Lorsqu'un père revient d'une réunion familiale et qu'il conduit sa voiture en état d'ébriété, il donne le mauvais exemple à ses enfants et s'ils font de même par la suite, il sera bien mal placé pour les reprendre. Lorsqu'un professeur lance des craies devant sa classe et qu'il casse des chaises en criant, lequel de ses étudiants le prendra au sérieux quand il parlera contre la violence? Ce principe est vrai pour toutes les valeurs que nous désirons communiquer, y compris celles rattachées à la famille et à la sexualité.

La chasteté est un ensemble de valeurs et d'habitudes favorisant l'engagement mutuel et la réussite conjugale. Si nous désirons l'enseigner à nos enfants, nous devons d'abord la pratiquer nous-mêmes. Pat Driscoll du groupe Womanity dit ceci afin de nous rappeler que la chasteté n'est pas juste l'affaire des adolescents: *La chasteté, c'est pour tout le monde. Elle est l'expression appropriée de notre sexualité. Elle parle de l'amour dans les relations. Pour les adolescents, l'abstinence signifie de renoncer aux activités sexuelles et de vivre un style de vie chaste qui évite la pornographie, les vêtements indécents, etc. Pour les célibataires, elle signifie exactement la même chose: la sexualité est réservée au mariage. Pour les adultes mariés, la chasteté signifie de jouir de l'acte conjugal, mais aussi de traiter son conjoint avec respect et amour, sans exercer de pressions indues sur l'autre personne pour qu'elle réponde à des demandes égoïstes. Cette valeur exige aussi de vivre un style de vie chaste, à l'écart de la pornographie, des vêtements indécents, des farces à caractère sexuel, tout comme on l'exige des adolescents. Enfin, elle signifie que les couples doivent éviter les situations qui affecteraient leur relation matrimoniale*[145].Sans aucun doute, plusieurs adultes engagés dans une relation amoureuse auront des ajustements à faire s'ils veulent vivre selon les valeurs liées à la chasteté.

L'exemple que donnent les adultes doit être constant et cohérent, car il est la base de l'éducation. Bien sûr, personne n'est parfait! Un adulte devrait d'ailleurs savoir reconnaître ses erreurs et montrer aux siens qu'il est un être faillible. Si ses explications sont appropriées à l'âge de ses enfants, un tel parent, de par son humilité, sa transparence, sa capacité d'analyser ses erreurs et de se ressaisir, aura un effet positif sur toute sa famille.

Ces adultes qui influencent

Si les parents sont les premiers éducateurs de leurs enfants, d'autres adultes aussi ont une grande influence auprès des jeunes. Or, ces derniers doivent respecter et appuyer les efforts des premiers. Ils doivent être conscients qu'une seule parole peut discréditer l'autorité parentale. La solidarité des adultes compte.

Il n'est pas nécessaire d'être parent ou professeur pour influencer les jeunes. En effet, les adultes en général sont des enseignants naturels pour les ados. Le policier, l'entraîneur de soccer, le concierge de l'école, le médecin de famille, l'infirmière, l'animateur de radio, le chanteur populaire, le héros du sport et le jeune adulte « hot » du voisinage sont tous susceptibles d'inspirer, à leur manière, les adolescents.

Malheureusement, les jeunes ne perçoivent pas toujours quand les adultes leur envoient des messages contradictoires ou mal fondés. Il y a plusieurs exemples de telles incohérences dans le domaine de la sexualité, comme le fait de déclarer que le désir sexuel est une pulsion qui ne se contrôle pas et de dire en même temps qu'on peut se maîtriser afin de ne pas commettre d'agressions sexuelles. Ou le fait de dire aux ados qu'ils sont incapables de se priver de relations sexuelles, mais qu'ils peuvent s'abstenir de fumer la cigarette ou de conduire en état d'ébriété. D'autres adultes encore affirment que les adolescents sont irresponsables quant à l'abstinence sexuelle, mais qu'ils ont la maturité nécessaire pour utiliser le condom et les moyens contraceptifs correctement. Ces contradictions ne sautent-elles pas aux yeux? Si les ados peuvent maîtriser certains désirs, pourquoi seraient-ils incapables de pratiquer la chasteté? D'ailleurs, plusieurs d'entre eux y parviennent dans un monde en général très hostile à ce principe de vie.

La transmission des valeurs est un art

Comment les adultes peuvent-ils transmettre toutes ces valeurs qui sont essentielles à l'épanouissement des couples et des familles? Nous devons saisir les occasions qui se présentent dans la vie de tous les jours. Plusieurs valeurs rattachées à la sexualité sont, en fait, des valeurs plus générales qui s'appliquent à différents domaines de la vie. Par exemple, les parents aident leurs enfants à acquérir la maîtrise de soi quand ils refusent de leur acheter tout ce qu'ils désirent lorsqu'ils font des courses ensemble. Un jour, les enfants devenus grands pourront appliquer ce principe à leurs émotions et à leurs désirs sexuels. D'autres valeurs morales comme l'honnêteté et le respect d'autrui influenceront à la fois leurs relations interpersonnelles, leur vie économique et sociale, leur sexualité et leur union conjugale.

Enfin, des adultes peuvent témoigner aux adolescents qu'il fait bon vivre au sein de foyers heureux. Lorsqu'un jeune issu d'un milieu dysfonctionnel fréquente un ami dont la famille est épanouie, par exemple, il a l'occasion d'observer des relations familiales saines et de goûter à certaines réalités plutôt que de simplement en entendre parler. Dans une société où plusieurs enfants ne connaissent pas bien un de leurs parents, il importe de leur montrer ce qu'est un père et ce qu'est une mère et quels sont les outils indispensables à l'harmonie du couple : la fidélité, le pardon, le respect, l'admiration, l'intimité et une communication franche.

Il est temps que nous décidions d'adopter le point de vue de la chasteté et d'agir comme modèles et conseillers auprès des jeunes. Serons-nous solidaires dans cet effort à transmettre de bonnes valeurs à la génération montante?

12

L'enseignement de la sexualité

Si les parents et les adultes en général jouent un rôle essentiel dans l'éducation des enfants et des adolescents, l'école, je l'ai dit à maintes reprises, est un instrument privilégié pour transmettre de l'information fiable et judicieuse sur la sexualité. L'apport du milieu scolaire est vital, d'autant plus que nous vivons dans une société où plusieurs jeunes n'ont pas de modèles parentaux convenables.

Par ailleurs, les structures décisionnelles des établissements scolaires prévoient que le projet éducatif est bâti, d'une part, par les enseignants ou les spécialistes de l'éducation et, d'autre part, par les parents et les membres de la communauté, qui peuvent ainsi influencer les programmes du primaire et du secondaire de façon significative. Ces derniers peuvent également participer à la vie parascolaire. Leur apport est déterminant dans la mesure où ils ont une idée claire des valeurs que l'école doit prôner. Toutefois, il ne suffit pas de nommer une valeur pour la communiquer avec efficacité. Il faut aussi être créatif et proposer des outils pédagogiques qui éveilleront l'intérêt chez les élèves. En effet, l'incapacité de vivre une valeur n'est pas toujours due au manque de volonté, mais résulte parfois de l'absence d'explications concrètes et de moyens pratiques.

Adapter le discours au sexe

Nous devons nous adresser autant aux garçons qu'aux filles, car la maîtrise de la sexualité n'est pas que l'affaire des filles. Également, il est très important d'adapter notre message au sexe de nos interlocuteurs afin de capter leur attention. En effet, nous devons être sensibles à une réalité pourtant évidente : un garçon n'est pas une fille et une fille n'est pas un garçon. Les deux pensent différemment. Par exemple, une éducation sexuelle qui viserait de façon spécifique les garçons mettrait en valeur leur force et leur virilité. Elle comporterait des images concrètes afin de leur expliquer la puissance de leurs pulsions et de leurs désirs ainsi que le pouvoir qui réside dans leur volonté de les maîtriser. Elle soulignerait leur apport dans le domaine sexuel d'une manière positive et transmettrait une vision positive de leur futur rôle de mari et de père.

L'enseignement actuel de la sexualité est surtout centré sur les besoins des filles. Il se concentre sur les notions qui entourent la grossesse et la maternité. Toutefois, il serait plus complet si les éducateurs parlaient aux adolescentes de l'intimité et de la complicité, car ces sujets les touchent particulièrement. Il devrait aussi faire l'éloge de la transmission de la vie dans le cadre d'une relation stable, sans pour autant négliger la prévention des grossesses à l'adolescence. Enfin, cet enseignement ciblé pourrait se faire en présence des garçons et celui des garçons, en présence des filles afin de sensibiliser chaque sexe à la réalité de l'autre.

Présenter les valeurs dans leur contexte

Il importe aussi que nous sachions ce qui doit être enseigné. La diversité culturelle dans laquelle nous vivons exige l'ouverture à différentes façons de penser. Cependant, nous commettons trop souvent l'erreur de croire que nous pouvons concilier toutes les visions du monde sans affecter aucune d'elle. Nous ne devons pas confondre la tolérance à l'égard de la cohabitation de différents systèmes de valeurs au syncrétisme qui découlerait de la fusion de ces systèmes. En abordant l'éthique sexuelle dans le contexte d'un discours pluraliste, nous devons accepter que les diverses visions du monde restent hermétiques ainsi que les systèmes de valeurs qui en découlent. Nous devons cesser de piger nos valeurs à gauche et à droite. Lorsque nous agissons de la sorte, les mots et les concepts ne veulent plus rien dire. C'est comme si nous disions aux élèves de prendre un dictionnaire de la langue française et d'y redéfinir les mots comme bon leur semble. Imaginez le chaos ! Lorsque nous transmettons des valeurs, nous devons respecter l'environnement d'où elles sont tirées. Une éducation démocratique peut exposer différents points de vue, mais les élèves doivent être encouragés à choisir une voie qui tienne compte de la cohérence de l'ensemble référentiel, c'est-à-dire opter pour des comportements sécuritaires qui reflètent correctement des valeurs qui sont elles-mêmes compatibles avec une vision du monde qui a du sens.

Choisir des valeurs et des méthodes efficaces

Bien que la responsabilité de l'État ne consiste pas à promouvoir une idéologie unique, il lui revient tout de même de donner une certaine orientation à l'éducation morale et sexuelle en veillant à ce que des valeurs saines soient mises de l'avant. Je pense que le système scolaire ne doit pas se croire obligé de présenter tous les ensembles référentiels aux élèves. Seuls ceux qui comportent les valeurs les plus pertinentes à leur développement doivent être retenus.

Quelles sont les valeurs qui favoriseront une croissance saine des futurs adultes? Je pense avoir bien démontré que les principes qui contribuent à l'épanouissement et à la stabilité des couples et des familles sont essentiels pour la société. D'autres types d'enseignements sont, par contre, très discutables.

Les méthodes proposées doivent également être évaluées pour leur efficacité à atteindre les objectifs. Par exemple, le fait de distribuer des condoms à des enfants est un non-sens à mon avis. Cette dernière mesure a été appliquée lorsque les responsables de la santé publique ont constaté que l'approche protectrice ne réduisait pas les taux de grossesse et d'ITS chez les adolescents. Face à cette situation problématique, ils ont proposé de débuter la campagne de protection au primaire afin d'accroître son efficacité. Or, s'il est vrai que cette seconde solution permet d'encadrer une minorité de jeunes très précoces, nous devons aussi considérer que la majorité de ces jeunes élèves perçoit le condom comme un jouet.

Également, les élèves du primaire à qui des condoms sont distribués reçoivent en général peu d'informations sur la sexualité, puisqu'ils ne sont pas en mesure de les comprendre. Ils risquent donc de présumer qu'il est normal d'avoir des relations sexuelles dès la puberté. Or, de nombreux experts estiment que cette approche entraîne l'émergence de comportements sexuels précoces, qui reflètent plus une réalité ludique visant à imiter le monde adulte qu'une véritable éclosion de la sexualité.

Enfin, les élèves ont tendance à croire que la protection offerte par les condoms est parfaite. Par conséquent, cette approche ne présente pas correctement aux jeunes les dangers réels des relations sexuelles vécues de façon précoce. De plus, elle définit un comportement sexuel responsable uniquement par rapport à l'aspect physique. Pourtant, un partenaire devrait aussi être solidaire des conséquences émotives et financières qu'une relation sexuelle peut avoir sur l'autre ou sur la société.

La chasteté, quant à elle, est un mode de pensée qui intègre une vision saine du monde et de la personne. Elle enseigne qu'il faut éviter les activités sexuelles précoces. Elle donne un sens à la sexualité en favorisant l'engagement de deux personnes vierges dans le mariage afin d'établir des familles solides. Elle construit le couple sur le fondement de la coopération, de l'intimité et du pardon. Elle propose une vision de l'être humain qui allie le plaisir et la vertu, le corps et l'esprit.

Je crois que l'enseignement aux élèves d'un style de vie chaste est la pierre angulaire d'une éventuelle réforme de nos habitudes sexuelles. L'idée de protéger la population scolaire à l'aide de condoms ou d'enseignements sur les ITS et les prédateurs sexuels a son importance. Cependant, elle ne saurait remplacer la protection qu'assurent des valeurs favorisant la fidélité à un seul partenaire pour la vie. C'est pourquoi la pratique de la chasteté mérite d'être mieux connue et plus enseignée dans les écoles, car tout en préservant l'institution de la famille, elle est efficace à prévenir les ITS et les grossesses non désirées. Les responsables devraient faire confiance aux programmes d'enseignement de la chasteté, puisque cette approche est celle qui peut le plus amener à long terme les jeunes et les adultes en général à adopter de saines habitudes de vie sur le plan de la santé physique, du bien-être psychologique et moral, de l'épanouissement sexuel et de la sécurité personnelle. De plus, il n'y a aucun risque à débuter tôt une éducation qui valorise l'idée d'attendre un engagement amoureux à long terme pour avoir des relations sexuelles.

S'impliquer à l'école

Les personnes qui saisissent l'importance et l'urgence de transmettre des valeurs saines à la génération montante peuvent s'impliquer et militer en faveur de la chasteté. Au Québec, par exemple, chaque école est dotée d'un conseil d'établissement formé de parents, de membres du personnel, d'élèves et de gens de la communauté. C'est la commission scolaire qui détermine, après consultation et selon les règles établies par la loi[146], le nombre de représentants de chacun de ces groupes. Ce comité joue un grand rôle. *Les fonctions et pouvoirs du conseil d'établissement d'une école touchent notamment le projet éducatif, la politique d'encadrement, les règles de conduite, les modalités d'application du régime pédagogique, le temps alloué à chaque matière, l'utilisation des locaux, etc.*[147].

Les personnes qui font partie d'un conseil d'établissement exercent un pouvoir. Elles peuvent influencer la culture scolaire, se prononcer sur la discipline et les valeurs transmises par les enseignants et la direction. Elles peuvent aussi intervenir lorsque l'école désire inviter des spécialistes de l'extérieur comme le permet la loi québécoise sur l'instruction publique :

- *L'école peut faire appel à la collaboration de la communauté : professionnel du réseau de la santé et des services sociaux, intervenant en maison des jeunes [...], etc.*[148].
- *L'éducation à la sexualité ne relève maintenant plus d'une seule matière ou d'un seul intervenant, mais devient la responsabilité d'un ensemble de partenaires. La contribution des ressources des Services éducatifs complémentaires se révèle essentielle*[149].
- *La loi sur l'instruction publique prévoit que la commission scolaire met en œuvre les programmes d'études établis par le Ministère (art. 222.1) et établit les programmes des services complémentaires [...] (art. 224)*[150].

L'école est un milieu où les parents et la communauté peuvent et doivent s'exprimer, et cela indépendamment des difficultés à surmonter. En effet, puisque différentes valeurs existent dans une société démocratique, les orientations choisies par un comité peuvent être le résultat de vives discussions où des forces antagonistes se sont opposées. Le labeur peut être ardu, mais nous devons apprendre à vivre avec ceux et celles qui sont différents de nous, tout en mettant de l'avant un projet scolaire cohérent.

Lorsque nous travaillons en équipe avec des personnes qui ne pensent pas comme nous, nous pouvons être tentés de minimiser les conflits en évitant les questions qui ont trait aux valeurs. Nous pouvons dire que ces choses ne touchent que les convictions personnelles, que tout le monde a raison ou qu'il est possible de travailler sur un terrain neutre. Quant à moi, je ne crois pas qu'une véritable neutralité existe, car il y a toujours une vision du monde derrière notre façon de penser ou de faire. La neutralité morale que la société propose aujourd'hui est donc en soi une position éthique, puisque tout vide moral est vite comblé par des croyances centrées sur l'être humain. Et cette foi en l'homme n'est-elle pas une certaine forme de religion? C'est pourquoi nous ne devons pas éviter les questions d'ordre moral, mais plutôt apprendre à respecter les opinions qui diffèrent des nôtres et reconnaître que l'école publique doit à la fois présenter aux jeunes diverses valeurs et renforcer leur capacité d'évaluer les implications de chacune d'elles.

Par exemple, des écoles accueillent des groupes activistes pour familiariser les élèves avec l'homosexualité et contrer la discrimination sexuelle. En donnant leur témoignage, ces intervenants influencent les adolescents et présentent une certaine conception de la sexualité. Il serait donc tout à fait justifié que des membres d'un conseil d'établissement réclament la venue de personnes qui aident les hétérosexuels à mieux se définir afin d'équilibrer l'éducation sexuelle que les jeunes reçoivent. Il serait faux de croire que la famille traditionnelle se porte si bien qu'elle n'a pas besoin d'être valorisée.

Les membres du conseil d'établissement doivent aussi défendre le fait que les parents ont le droit de se prononcer sur les activités d'enseignement de la sexualité proposées à leurs enfants. Les parents devraient être informés du contenu des activités éducatives et pouvoir évaluer de façon judicieuse le type d'enseignement offert à leurs jeunes. Ainsi, aux États-Unis, des parents de plusieurs écoles ont obtenu qu'une autorisation écrite leur soit demandée avant qu'un enseignement sur ce sujet soit donné. De plus, ils ont exigé de participer à la rédaction du formulaire de consentement, car ils étaient conscients que la manière de poser la question pouvait influencer la réponse. Ils ont réclamé que l'on évite une approche par consentement négatif, qui consiste à retirer du groupe les élèves dont les parents désapprouvent le programme. En effet, cette dernière approche incite davantage les parents à suivre la tendance générale par crainte d'être considérés comme des fauteurs de troubles et de causer l'exclusion de leurs enfants.

Un éventuel formulaire de consentement devrait contenir des questions spécifiques et positives. Par exemple, la question suivante pourrait apparaître sur ce type de formulaire: « Êtes-vous d'accord qu'on enseigne à votre enfant comment enfiler un condom? » Le taux de réponses positives à une telle question serait sans doute bien inférieur au taux qu'on obtiendrait avec un formulaire indiquant simplement: « Si vous n'êtes pas d'accord que votre enfant participe à cette activité, cochez ici. »

Agir à la source

Au delà de la vie scolaire locale, les adultes peuvent influencer l'enseignement en assistant aux audiences publiques lors des réformes scolaires. Par exemple, au Québec, les parents peuvent intervenir dans les décisions des élus en participant aux états généraux sur l'éducation. Conformément au décret no 511-95 du gouvernement québécois, les états généraux sur l'éducation se veulent:

- *l'expression des besoins et des attentes de la population en matière d'éducation, tout en constituant une grande opération d'écoute de ces besoins et de ces attentes, de même que des contributions nécessaires à leur satisfaction;*
- *un forum de réflexion collective et de discussion sur les lectures de la réalité et de l'avenir;*
- *un lieu de définition des objectifs à privilégier pour l'école, entendue dans son sens le plus large, d'aujourd'hui et de demain;*
- *un lieu d'émergence des consensus sociaux les plus larges possible en vue de l'action*[151].

La population peut donc transmettre sa vision des valeurs entourant l'enseignement de la sexualité lors de consultations publiques. De plus, elle peut, en tout temps, signaler son désaccord avec le programme scolaire lorsqu'il véhicule des valeurs qu'elle juge inacceptables. Les évènements qui se sont produits au Nouveau-Brunswick montrent bien l'efficacité d'une telle initiative. Selon les informations recueillies dans Internet[152], le débat a débuté au mois de novembre 2004 quand des parents se sont plaints du contenu trop explicite du cours sur la sexualité offert aux élèves de 11 à 15 ans. Du matériel audiovisuel était utilisé pour discuter de la notion de plaisir sexuel ainsi que du principe de l'« outercourse »[a], qui vise à éviter les grossesses. Deux sites Internet pornographiques étaient aussi critiqués par certains parents, qui avaient réclamé que ces « ressources pédagogiques » soient retirées de la liste du matériel mis à la disposition des éducateurs sexuels. À la suite des pressions, madame Madeleine Dubé, ministre néo-brunswickoise de l'Éducation de l'époque, a demandé au comité responsable du cours de réviser la liste complète du matériel employé pour enseigner les élèves de sixième, septième et huitième année[b]. Ce comité a déposé son rapport en janvier 2005. Entre-temps, d'autres parents et des professionnels de la santé aussi ont manifesté leur insatisfaction vis-à-vis de l'enseignement de la sexualité. Finalement, la Ministre a annoncé que le programme serait revu et qu'une partie de l'enseignement serait dorénavant consacrée à l'abstinence[153].

Conscientiser les enseignants

Les enseignants sont les premiers intervenants auprès des élèves après les parents. Ils peuvent donc les influencer dans plusieurs domaines, dont celui de la sexualité. Ceci est en particulier vrai au Québec depuis que la notion de compétence transversale a été mise de l'avant dans les programmes scolaires. En effet, les enseignants peuvent, s'ils le désirent, transmettre des valeurs reliées à la sexualité en plus des notions rattachées à leur matière de base. Par exemple, le professeur de français ou d'anglais peut utiliser des textes qui traitent de sexualité. De même, de façon très naturelle, les professeurs de biologie et de morale peuvent parler de la

---

a. Il s'agit de relations sexuelles autres que par voie vaginale, incluant la pénétration buccale ou anale.

b. L'équivalent, au Québec, de la 6e année et des 1re et 2e du secondaire.

reproduction et des risques qui y sont reliés ainsi que du sens de la relation sexuelle. Cette approche a remplacé les cours réservés uniquement à l'éducation sexuelle et à la formation personnelle et sociale de l'élève.

La réforme scolaire prévoit également que les enseignants peuvent inviter des personnes qui partageront leurs connaissances et leurs opinions sur la sexualité et qui inciteront les jeunes à se faire une idée sur les valeurs qui leur sont présentées. Cette démarche, comme tout enseignement, doit se faire dans le respect des convictions et du développement de chaque élève. Toutefois, en invitant des intervenants, les professeurs doivent être conscients de leur responsabilité, car ce sont eux qui décident, en bonne partie du moins, à quelles valeurs les jeunes seront exposés. De plus, les élèves s'intéresseront à l'opinion personnelle du professeur quant aux questions qui seront soulevées par les invités.

La vie scolaire est un autre élément qui permet de transmettre des connaissances et des valeurs qui influenceront les élèves à long terme. Cette vie dépasse le contenu pédagogique à proprement parler. Par exemple, un enseignant qui apprend à un élève à remettre ses travaux à temps et à être fidèle à ses engagements lui communique une valeur importante. Cette valeur, si le jeune l'assimile, contribue à former sa capacité à être fidèle à un futur engagement matrimonial. Elle pourra faire la différence entre un mariage qui résiste à la tempête et celui qui est emporté par le premier soubresaut. Le rôle du professeur dépasse donc la simple transmission du savoir.

Interagir avec l'école

L'école ne devrait pas remplacer les parents dans leur mission éducative. Cependant, elle peut être une excellente partenaire. En effet, puisque plusieurs parents trouvent difficile de débuter une discussion sur la sexualité avec leurs jeunes, l'enseignement qui y est donné peut leur servir d'entrée en matière, qu'ils soient d'accord ou non avec le contenu des cours.

Toutefois, pour interagir avec l'école, les parents doivent s'intéresser à l'information qu'elle transmet. Or, malheureusement, plusieurs ne s'en préoccupent pas. Ainsi, selon l'éducatrice et auteure Marilyn Bergeron, *la plupart des parents, lorsqu'ils délèguent à l'école la responsabilité de l'éducation sexuelle, présument que ce qui est enseigné correspond à leurs convictions personnelles. [...] L'école ne peut refléter toutes les valeurs, c'est pourquoi elle tente d'être neutre et de laisser la morale en dehors de la discussion. Or, je ne veux certainement pas qu'on suggère à mes enfants que la sexualité et la moralité ne sont pas liées. [...] Ne présumez pas que vous savez ce qui est enseigné à vos enfants*[154].

Ce commentaire est très pertinent, d'autant plus que les enseignements donnés par des invités échappent parfois à la maîtrise des professeurs. Par exemple, j'ai été témoin d'une situation où une personne venait expliquer comment elle s'était sortie du monde de la drogue. Cependant, la description qu'elle faisait de ses « trips » était si extraordinaire que les jeunes du primaire qui l'écoutaient ont retenu que c'était très agréable de prendre de la drogue. L'institutrice qui était responsable de l'évènement m'a dit par la suite qu'elle avait été totalement prise au dépourvu et qu'elle avait été incapable de gérer la situation.

Pour ces raisons, je crois que les parents devraient s'informer de façon régulière auprès de leurs enfants du contenu de l'enseignement qui leur est dispensé. Cette démarche leur permettrait aussi de vérifier si la matière a bien été comprise. Elle leur permettrait, par ailleurs, d'apprendre à mieux connaître leurs enfants. Enfin, l'intérêt que les parents manifesteraient en agissant ainsi rehausserait l'estime personnelle de leurs jeunes et favoriserait leur réussite scolaire.

Sur plusieurs plans, l'école peut donc être une alliée précieuse pour transmettre des valeurs saines sur la sexualité. Pour qu'elle y parvienne, toutefois, nous devons comme individus et comme communauté utiliser les moyens mis à notre disposition pour favoriser le meilleur enseignement possible. Peut-être assisterons-nous un jour à une prise de conscience collective qui poussera les parents et les enseignants à rechercher les valeurs propices à la famille et au couple. Les spécialistes de l'éducation donneraient alors leur accord à la promotion de la chasteté et faciliteraient la mise en place des moyens pédagogiques appropriés pour l'encourager.

13

Un effort communautaire

Les questions soulevées dans ce livre ne relèvent pas seulement de l'effort des individus ou du milieu scolaire. L'apport de l'ensemble de la communauté et des structures décisionnelles est essentiel. En effet, toutes les composantes de la société doivent collaborer à la mise en place d'un environnement favorable au couple et à la famille ainsi qu'à la promotion de valeurs protectrices telles que la chasteté. Ainsi les politiciens peuvent adopter des lois qui encadreront nos choix collectifs, parfois très difficiles à faire. Il est de leur devoir de chercher ce qui est juste et bon pour la population qu'ils représentent. Il leur revient de discerner la direction à prendre et de travailler à la guérison de la nation.

Une culture favorable

Dans une culture très axée sur une sexualité éclatée, la pratique de la chasteté est un choix personnel. Cependant, le fait d'être entourés de gens qui pensent comme nous contribue à renforcer notre décision. Par exemple, les adolescents ont tendance à se regrouper pour affirmer leurs idées. Les styles auxquels ils s'identifient véhiculent une mentalité, un certain rapport avec le monde. Aussi des personnes soucieuses d'aider les adeptes de la chasteté peuvent-elles contribuer à créer une sous-culture qui fait la promotion de cette valeur.

Une personne chaste peut vivre dans une société qui valorise une sexualité très libérale tout en côtoyant des pairs qui évalueront la conduite de chacun selon leurs propres normes. Le membre d'un groupe favorable à la chasteté qui choisit librement d'y adhérer subit une saine pression de la part de cette confrérie. Il bénéficie d'encouragements et peut pratiquer des activités dans un milieu qui transmet les valeurs auxquelles il croit. Mais la promotion de la chasteté doit-elle se limiter à une sous-culture? Si nous souhaitons que les familles soient solides, n'avons-nous pas le devoir de transformer la société en entier afin qu'elle favorise la chasteté? Pouvons-nous envisager que soit implantée une véritable réforme œuvrant à l'épanouissement sexuel vécu dans le contexte de familles stables?

Expliquer aux jeunes qu'ils n'ont qu'à dire « non » à leurs désirs sexuels ne suffit pas, insiste Marilyn Bergeron[155]. Dans son livre *A Community Affair*[156], elle énumère les conditions qui permettent aux adolescents d'adopter un style de vie chaste. Pour être abstinents, les jeunes ont besoin en premier d'une bonne éducation de la part de leurs parents et de leurs enseignants. Ils ont besoin de plus d'être encouragés par des adultes qui donnent l'exemple et par d'autres ados qui pensent comme eux. Ils ont besoin d'entendre des vedettes du monde artistique ou sportif affirmer en public pratiquer la chasteté et de les voir la vivre vraiment avec sérénité. Ils ont besoin que des journalistes, des politiciens ou des gens d'influence les rassurent en valorisant la famille. Enfin, conclut madame Bergeron, ils ont besoin que la société mette à leur disposition des ressources et qu'elle arrête de les inciter à faire l'amour.

Si nous adhérons à cette vision et désirons la voir se réaliser, nous devons épurer notre milieu de vie de certains messages contradictoires. L'objectif ici n'est pas d'implanter une culture qui réprime la sexualité, mais de remettre sérieusement en question la manière de s'habiller, de séduire, d'afficher et de consommer le sexe dont notre société fait la promotion. De plus, nous devons revoir les normes qui encadrent les relations amoureuses, comme le délai entre la rencontre initiale et la première relation sexuelle ou le choix du type d'union conjugale.

L'effort communautaire
Une belle coopération entre différents intervenants s'est produite en Caroline du Sud au milieu des années 1980. Une communauté s'est concer-

tée pour diminuer un taux de grossesse non désirée très élevé dans la population adolescente de la région. Pendant cinq ans, de 1982 à 1987, les parents, le milieu scolaire, les Églises locales, divers groupes communautaires ainsi que les médias ont uni leurs efforts afin de promouvoir l'abstinence chez les jeunes[a]. De plus, durant cette campagne, des adolescents formés ont accompagné leurs pairs dans leur démarche, tandis que des animateurs ont organisé des activités constructives. En somme, la communauté a saturé l'environnement de messages sur le report des activités sexuelles.

Afin d'évaluer cet effort collectif, des chercheurs indépendants ont constitué trois groupes témoins à l'extérieur de la région soumise à l'intervention et un groupe témoin à proximité du lieu d'intervention[157]. Les résultats ont été étonnants. Le taux de naissance[b] a diminué de 60,6 à 25,1 par 1000 adolescentes dans le groupe soumis à l'intervention. Il a aussi légèrement diminué de 66,8 à 52,4 par 1000 dans le groupe témoin formé à proximité de l'intervention. Par ailleurs, au cours des cinq années, le taux de naissance a été à la hausse dans les trois groupes situés à l'extérieur de la zone ciblée[c].

Les approches communautaires intégrées qui valorisent la chasteté sont donc très efficaces pour réduire le taux de grossesse non désirée[d]. Cependant, certains diront qu'un effort de ce type relève de l'utopie et qu'il peut, au mieux, être implanté que dans les petites communautés. Ces personnes

---

a. Il est intéressant de noter que cette communauté avait appliqué d'abord divers programmes axés sur le « sexe protégé ». Aucun n'avait donné les résultats escomptés.

b. Pour obtenir le nombre total de grossesses, il faudrait additionner le nombre d'avortements naturels et thérapeutiques. Toutefois, l'indice des naissances vivantes qui surviennent chaque année parmi les adolescentes donne une très bonne idée de l'efficacité du programme.

c. Au départ, le taux de naissance était moindre dans les villes situées à l'extérieur que dans la zone ciblée. Cependant, avec la libéralisation généralisée des mœurs des adolescentes qui s'est produite au cours de cette période, il a franchi le cap des 40, puis des 50 par 1000 adolescentes.

d. Une campagne semblable à celle de la Caroline du Sud a été tenue au Kansas de 1994 à 1997. Cependant, les intervenants ont ajouté un élément au programme : la promotion des moyens contraceptifs et du condom. Or, les résultats obtenus avec ce programme mixte ont été négligeables. Ceci démontre donc que ce n'est pas l'approche communautaire en soi qui est efficace, mais l'enseignement communautaire de la chasteté.

oublient que la coopération n'a pas besoin d'être absolue pour produire un effet important. Par exemple, des résultats intéressants ont été observés lorsque les parents et les éducateurs sexuels combinent leurs efforts pour atteindre les jeunes. Aux États-Unis, des programmes comme *Fertility Appreciation for Families* ou encore *Learning About Myself and Others* (LAMO) ont permis d'enseigner la chasteté aux adultes et aux adolescents.

Le premier des programmes cités a été présenté à 6000 participants de 1983 à 1987. Une évaluation en a été faite en 1986. Les analystes ont alors sélectionné au hasard 630 adolescentes de 15 à 19 ans. Le taux de grossesse était de 4 pour 1000 chez les filles dont la famille avait reçu la formation, tandis qu'il était de 113 pour 1000 dans la population générale[158]. Quant au programme LAMO, il a été offert dans l'État du Massachusetts à partir de 1975 et a été évalué à la fin des années 1980. L'analyse a révélé que le taux de grossesse chez les filles qui y avaient participé avec leurs parents était 25 fois plus bas que chez celles qui n'y avaient pas pris part[159]. Il semble donc que la collaboration des parents à l'enseignement sur la sexualité est un facteur déterminant, puisque les programmes qui visent les jeunes seulement, tout en étant efficaces, ne rapportent pas des résultats aussi remarquables.

L'influence de la classe politique

Les personnes qui détiennent le pouvoir politique ont une grande influence sur la société, car elles établissent les orientations que prendra la vie de la communauté. De plus, elles assument la gestion de la richesse collective allouée aux activités préventives et éducatives. Elles sont responsables de la sécurité et de la santé du public. Elles supervisent l'élaboration des normes du système d'éducation. Elles déterminent les règles de télétransmission et de câblodistribution. Enfin, elles décident de criminaliser ou d'accepter certains comportements sexuels.

Quelles sont les valeurs susceptibles de guider les acteurs politiques dans le domaine de la sexualité? Jusqu'ici, la majorité des gouvernements occidentaux a voulu pallier les conséquences de la révolution sexuelle en mettant sur pied des programmes de soins sanitaires et d'assistance sociale. Toutefois, ne serait-il pas logique qu'ils investissent aussi dans l'assainissement des habitudes sexuelles des individus? Déjà, ils pratiquent cette logique préventive contre le tabagisme et ils obtiennent de bons résultats. En effet, la propagande gouvernementale antitabac permet de combattre les maladies reliées à la cigarette. Aujourd'hui, la majorité des gens admet que s'abstenir de fumer favorise la santé.

Il est donc raisonnable de croire que si les intervenants du milieu préconisaient l'abstinence sexuelle en dehors d'un engagement conjugal à long terme, il y aurait une réduction du nombre de partenaires sexuels fréquentés au cours d'une vie, il y aurait moins d'ITS et moins de cancers du col de l'utérus dans la population en général. De même, il y aurait moins de jeunes actifs sexuellement et, par conséquent, moins de mères adolescentes. Enfin, si l'État faisait la promotion du mariage et des principes de la réconciliation, il y aurait moins de divorces, de dépressions, de suicides, de démunis et d'enfants pris en charge par le gouvernement.

Un autre domaine où la classe politique pourrait intervenir est celui des médias. Plusieurs intervenants croient que le contenu d'Internet et des émissions télévisées devraient être mieux contrôlé. En effet, pourquoi des règles de censure plus sévères ne régiraient-elles pas le monde médiatique afin de limiter l'exploitation commerciale du sexe? Nous serions alors moins exposés à des idées qui avilissent la nature même de notre sexualité, voire de notre humanité. De plus, les médias pourraient être utilisés par les responsables de la santé publique pour véhiculer des valeurs qui aident les couples et les familles. Ils pourraient indiquer aux célibataires les dangers de leurs pratiques sexuelles et les inciter à envisager sérieusement l'abstinence. En outre, par des publicités percutantes, ils pourraient créer un climat social qui montre que la chasteté est une nouvelle voie intelligente et agréable à vivre.

Les décideurs politiques ont pour mandat de discerner quels sont les projets les plus susceptibles d'être bénéfiques pour la population et de promouvoir le bien dans leur pays. Ils doivent donc veiller à ce que les lois et les pratiques en matière d'éducation sexuelle reflètent des valeurs qui permettront aux générations futures de fonder des familles solides. J'ose croire que des politiciens auront à cœur la situation actuelle des couples et des enfants et qu'ils accepteront que leur prise de position influence leur image publique et leur carrière politique.

Le consentement des parents

La législation entourant le consentement parental mérite une attention particulière. Au Québec, la loi autorise les adolescents à recevoir des soins de santé sans le consentement de leurs parents à partir de 14 ans. La principale raison justifiant cette conduite me semble fort simple. Nous voulons offrir des moyens contraceptifs et l'avortement aux adolescents sexuellement actifs et nous craignons que le consentement parental obligatoire nuise à la protection des jeunes. Toutefois, je crois qu'il est dangereux de vouloir écarter les parents du processus décisionnel. La non-obligation du consentement parental peut causer une distanciation entre les jeunes et leurs parents. Par exemple, on observe que les adolescentes qui subissent un avortement sans l'accompagnement de leur famille éprouvent plus de détresse que les autres. De même, la fille qui prend la pilule contraceptive et le garçon qui utilise le condom sans l'accord parental risquent davantage de l'abandonner. Certains adolescents ont aussi tendance à couper la communication avec leurs parents de peur d'être découverts. Or, nous savons que les ados ont grandement besoin du contact avec leur père et leur mère et que la participation de ces derniers à l'éducation sexuelle en accroît l'efficacité.

Je crois que cette façon de penser démontre une profonde incompréhension du rôle parental. En effet, elle envoie le double message de l'incompétence des parents et de l'autonomie absolue des jeunes dans le domaine sexuel. Et si c'est le cas dans cette sphère de la vie, pourquoi serait-ce différent dans les autres? En bout de ligne, c'est l'autorité parentale, voire toute forme d'autorité, qui est minée. Peu importe l'angle sous lequel nous examinons cette façon de faire, nous constatons qu'elle affecte les jeunes.

Les parents qui comprennent l'effet pervers de cette approche peuvent se regrouper en association et demander à être consultés quand des lois risquent de modifier leurs responsabilités parentales. Pour être efficaces, ces groupes de parents doivent entrevoir ce que l'avenir pourrait réserver à leurs enfants et se former d'avance une opinion.

Seraient-ils d'accord, par exemple, que la pilule contraceptive soit en vente libre pour les adolescentes de moins de 14 ans ? Que diraient-ils si une pilule abortive était mise sur le marché ? Ces mesures, il va sans dire, comportent des risques. C'est pourquoi les adultes intéressés par ces questions doivent se tenir informés et agir de manière à contrer les mesures risquant de mettre la santé des jeunes et le pouvoir décisionnel des parents en danger.

En faisant connaître leur opinion, les groupes de parents peuvent contribuer à l'adoption de nouvelles lois. Ainsi, au Minnesota, en 1981, des parents ont obtenu qu'une loi exige le consentement parental pour qu'un avortement soit effectué sur une mineure. Au cours des trois années qui ont suivi cette décision gouvernementale, on a observé une baisse de 32 % des grossesses et une diminution de 40 % des avortements[160].

Je crois que les parents devraient aussi exercer des pressions afin d'être consultés avant que leurs enfants ne se fassent donner ou prescrire un moyen contraceptif. Si le consentement parental pour obtenir un moyen contraceptif était obligatoire, il permettrait aux adolescents d'avoir de bonnes discussions avec leurs parents au sujet de la sexualité. Il est vrai que les ados qui choisissent d'en parler à leur père ou à leur mère sont souvent effrayés lorsque vient le temps d'aborder ces questions. Toutefois, la plupart d'entre eux constatent vite que leurs parents se soucient de leur santé et de leur avenir et qu'ils ne sont pas contre eux. Dans ce contexte, les parents peuvent transmettre à leurs enfants des valeurs, les informer des risques, et leur expliquer que la protection est nécessaire s'ils choisissent d'être actifs sexuellement.

Cependant, il se peut que certains adolescents craignant d'aborder ce sujet avec leurs parents aient des activités sexuelles non protégées. Que faire pour éviter ce risque ? Des travailleurs de la santé pourraient intervenir afin d'aider les parents et les jeunes qui ont de la difficulté à communiquer ou à s'entendre. Je crois que cette approche est possible et qu'elle peut susciter des échanges intéressants entre les personnes concernées. Par exemple, si un adolescent désire avoir des relations sexuelles et que ses parents s'y opposent, une personne-ressource pourrait faire comprendre à ces derniers que s'il est vrai que l'abstinence comporte moins de risque, il est quand même préférable que leur fils recoure à un moyen de protection, puisqu'il a choisi d'avoir des rapports sexuels. De même, cette personne-ressource pourrait expliquer à l'ado que les adultes acceptent qu'il se protège, mais qu'ils considèrent cette mesure comme exceptionnelle, puisqu'ils croient que l'abstinence est l'option la plus valable à son âge.

Par ailleurs, avant de conclure qu'un jeune ou qu'une jeune désire vraiment avoir des relations sexuelles, la personne-ressource devrait vérifier s'il ou si elle a reçu assez d'information et a envisagé toutes les facettes de la question. En effet, plusieurs adolescents n'ont pas considéré les dangers possibles de l'activité sexuelle. L'intervenant pourrait également évaluer la raison pour laquelle son interlocuteur ou son interlocutrice veut faire l'amour. Je découvre souvent qu'une jeune fille désire être active sexuellement parce qu'elle a peur de perdre son amoureux ou parce qu'on se moque d'elle à l'école et qu'elle veut faire comme les autres. Dans ce cas, j'essaie de l'amener à s'affirmer et à construire une identité qui lui est propre plutôt que d'agir en fonction de la coercition que ses pairs exercent sur elle.

Bref, je crois qu'il y a de meilleures solutions pour gérer la sexualité que des lois autorisant les traitements médicaux sans le consentement des parents. Je pense aussi que les moyens de protection devraient être réservés à ceux et à celles qui sont vraiment convaincus d'être actifs sexuellement.

L'influence populaire
John Harris, éducateur spécialisé dans le domaine du sida, émet une opinion qui devrait encourager la population à militer en faveur de la chasteté. *La raison pour laquelle le message de la chasteté n'a pas été enseigné de façon explicite sur une large échelle n'est pas parce que cela ne fonctionne pas, mais plutôt parce que l'ensemble du système d'éducation et les médias ont embrassé l'approche du « sexe sécuritaire » ou, au mieux, ont envoyé des messages mixtes. Tant et aussi longtemps que la société enverra le message qu'il n'est pas réaliste d'attendre et que les jeunes feront l'amour de toute façon, ils le feront. Malheureusement, à cause de cette approche mixte inappropriée, plusieurs seront privés de la meilleure option, de la seule option sécuritaire : l'abstinence*[161].

Il n'est pas nécessaire d'attendre que le gouvernement instaure des programmes communautaires pour agir. Des changements peuvent se produire lorsque la majorité silencieuse décide de prendre la parole. J'ai observé que les gens qui ont des opinions contraires à celles qui sont à la mode croient souvent qu'ils sont seuls à penser de façon différente. C'est une grave erreur. En effet, plusieurs professeurs, intervenants de la santé, journalistes ou animateurs d'émissions populaires ont eux-mêmes un regard critique sur la société. Souvent, ils attendent qu'un discours dissident se manifeste pour exprimer leur désaccord avec la tendance générale.

Je souhaite que davantage de personnes adhérant aux valeurs de la famille prennent la parole. Bien sûr, les adultes qui veulent promouvoir la chasteté et briser les préjugés qui entourent cette valeur doivent accepter d'être montrés du doigt. Ils doivent aussi prendre garde de tomber dans l'autre extrême, qui consisterait à mener une croisade contre tous ceux et toutes celles qui ne pensent pas comme eux. Les vrais bâtisseurs ont à cœur le bien-être de la communauté.

Une évolution vers la maturité

J'espère qu'une majorité de personnes sera convaincue que la chasteté représente une évolution positive pour la société. Certains détracteurs prétendent à l'heure actuelle que la chasteté n'est qu'un mouvement ultra-religieux et que ses promoteurs sont des conservateurs nostalgiques qui n'ont pas évolué. Je leur réponds, avec amour, que le monde est en perpétuel changement et que plusieurs personnes disent maintenant que nous devons repenser les valeurs reliées à la sexualité en faisant appel à certaines notions plus traditionnelles.

Si la chasteté est une valeur spirituelle immuable, elle est, cependant, tantôt acceptée, tantôt rejetée comme norme sociale. C'est un fait aussi que la manière de la comprendre et de la pratiquer a varié selon les époques. Ce phénomène relève des fluctuations historiques. Toutefois, le présent n'est jamais constitué d'un véritable retour en arrière. Il est plutôt un amalgame des forces antérieures et des nouvelles réalités. L'historien Jean-Pierre Bardet l'exprime ainsi dans un livre qui présente un survol historique de la virginité : *Par rapport à la fin des années 60, qui ont établi la libération du sexe et ont engendré, pendant un laps de temps assez court, des pratiques sexuelles de type libertaire, on peut relever des différences notables. Par exemple, on assiste à la résurgence du couple, à la relance de la famille, à l'invention du père, etc. Comme s'il se produisait un repliement sur des valeurs anciennes. Et, dans ce sillage, la question de la première fois[e] devrait, elle aussi, logiquement, subir une involution, récupérer une forme plus traditionnelle. Ce qui ne signifie pas pour autant que l'on reviendra au modèle bourgeois valant avant les années 60. Seul l'énoncé aura l'apparence du déjà vu : la réalité du vécu de l'acte aura incorporé les données nouvelles, et possédera donc une teneur bien lointaine de l'ancienne*[162]. Je pense que ce que Bardet a décrit voilà plus de vingt-cinq ans est en train de se produire. En effet, nous observons le retour du pendule, qui ouvre la voie à un nouvel éventail de valeurs. Et c'est sur cette voie que nous trouverons à la fois l'épanouissement et la stabilité.

Nous réussirons à contrôler les fléaux liés à la révolution sexuelle dans la mesure où les politiciens et le grand public uniront leurs efforts. Considérant cette éventualité, certains parlent d'une seconde révolution sexuelle axée sur la chasteté. Je préfère, quant à moi, concevoir cette démarche comme l'achèvement de la révolution sexuelle. Quoi qu'il en soit, notre sexualité n'atteindra sa pleine maturité qu'en présence d'un mouvement déployant ses ramifications pour réparer les ravages causés par la répression sexuelle et par une révolution sexuelle qui n'a pas saisi le véritable sens de la rencontre amoureuse.

---

e.   Il parle ici de la première relation sexuelle.

14
La recherche de la vérité

Notre quête d'une belle révolution ne peut réussir si elle n'est pas accompagnée d'une réflexion sur la vérité. Je vous propose donc d'explorer ce thème comme principe de recherche pouvant nous conduire à adopter des valeurs constructives et une vision saine du monde.

Croyez-vous que toutes les visions du monde et de l'être humain se valent ? N'y a-t-il pas une façon de voir qui soit un reflet exact de la réalité, autant du monde visible que du monde invisible ? Personnellement, je crois que oui, et cela même en ce siècle où la majorité des gens pense qu'il y a « des » vérités et non « une » vérité.

La vérité
« Qu'est-ce que la vérité ? » a demandé Pilate à Jésus de Nazareth peu de temps avant d'autoriser sa crucifixion. Nous pouvons déduire de cette question que le gouverneur romain nageait dans le brouillard quant aux idéologies de son époque. De même, nos contemporains ont les idées confuses lorsque vient le temps de définir LA vérité. Or, rien n'est plus simple. La vérité est l'ordre que Dieu a établi en créant le ciel et la terre. Et pour bien saisir cette notion, nous devons distinguer le visible de l'invisible, le réel de l'irréel et le bien du mal. Par exemple, le domaine du réel ne se limite pas à ce qui est visible. L'air est invisible. Pourtant, il est bien réel. Sans lui, nous ne pourrions pas vivre. Le fait qu'une chose est invisible ne signifie donc pas qu'elle n'existe pas.

Une autre illustration nous aidera à comprendre, cette fois, le lien entre la notion de réalité et celle d'une loi trancendante. Si nous croyons que nous pouvons nous lancer en bas d'un pont et flotter dans les airs par nos propres moyens, nous sommes dans l'erreur. Pourquoi? Tout simplement parce que la loi de la gravité est une loi physique universelle implacable. Nous pouvons nous imaginer être capables de voler comme des oiseaux sans l'aide d'aucun appareil. Mais cela est irréaliste. Si nous pensons pouvoir redéfinir la loi de la gravité selon notre volonté et que nous décidons de tenter l'expérience, nous allons nous écraser sur le sol et probablement mourir.

La vérité ne peut pas non plus être trouvée à partir de l'imagination, même si cette caractéristique de l'homme est une réalité subjective qui existe bel et bien. La situation est semblable avec les sentiments. Ainsi nous pouvons penser que quelqu'un est fâché contre nous quand il ne l'est pas. Les impressions qui découlent des facultés mentales diffèrent donc de la réalité objective. C'est pourquoi nous devons nous appuyer sur une révélation qui transcende la conscience humaine si nous voulons connaître les réalités morales et spirituelles. Cette dernière approche est essentielle, car les lois morales et spirituelles ne peuvent pas être définies à notre guise. Un jour, nous nous retrouverons devant le Dieu réel, qui nous tiendra responsables de nos croyances et de notre comportement.

La vérité se définit donc finalement en regard de la lumière qu'elle apporte sur la nature, bonne ou mauvaise, de nos valeurs et de nos comportements. Car en plus d'exister, une réalité – visible ou invisible – doit correspondre à l'ordre voulu par le Créateur de l'univers. Un des aspects de la vérité est l'éthique morale qui y est rattachée. Le mal existe vraiment, mais il ne constitue certainement pas l'idéal vers lequel nous devons tendre. Dieu a permis que le mal entre dans le monde. Néanmoins, nous ne devons pas déduire de cela qu'il approuve le mal. Au contraire, il oppose la vérité à l'erreur et au mensonge. C'est pourquoi nous devons distinguer l'idéal de la réalité de notre condition humaine, et saisir que même si le mal existe, il ne peut définir ce qu'est la vérité, car il est hors du but initial et final de Dieu.

L'idéal et la réalité

Le Réel que Dieu définit comme vérité comprend sa personne, sa création, ses lois morales et son plan de rédemption. Je crois que nous devons d'abord cerner l'idéal à atteindre en définissant nos valeurs selon la vision du monde que Dieu nous a transmise. Cette vision du monde et de l'être humain décrit notre véritable nature. Aussi, en un second temps, devons-nous comprendre que nous vivons dans un monde où règnent le péché et la souffrance et accepter que nous n'arriverons jamais à réaliser parfaitement notre idéal sur terre. Nous devons tenir compte de notre nature faillible et saisir que nous avons besoin de pardon et de guérison.

La réalité du mal et du péché devrait nous pousser à chercher une délivrance au delà de nos propres capacités et au delà de la réalité visible. Or, cette rédemption n'est offerte que par le Dieu réel, ce Dieu bon et plus puissant que le mal. Ne voulons-nous pas suivre sa nature juste et bienveillante et compter sur ses promesses de rédemption et de bonheur éternels?

L'individu qui place son idéal dans la nature humaine sera déçu parce qu'elle est imparfaite. C'est d'ailleurs la raison pour laquelle l'approche humaniste ne peut aller au fond du problème et briser le joug du mal. Faut-il alors baisser les bras? Je ne crois pas. Connaître la vérité nous permettra justement de mieux discerner la réalité humaine avec ses ombres et ses lumières, avec son histoire remplie de contradictions et d'erreurs.

Bien sûr, il est difficile d'agir sur les multiples facteurs qui déterminent le cours de l'Histoire. Et le monde ne sera pas idéal tant que le Fils de Dieu ne reviendra pas en personne pour y faire un bon ménage. Toutefois, une nation cherchant la vérité expérimente souvent un réveil spirituel qui bénit l'ensemble de ses activités. De plus, même si ce n'est pas toute la société qui se tourne vers Dieu, il est en général possible d'aménager des changements substantiels dans la manière de comprendre le monde et d'y vivre. Par exemple, dans le domaine de la sexualité, le mariage peut redevenir un lieu de repos et de bonheur, désiré et honoré de tous. Les hommes et les femmes peuvent apprendre à travailler ensemble afin d'améliorer les relations humaines. Les enfants peuvent être accueillis et aimés tendrement.

Le mythe

Depuis quelques siècles, l'approche rationnelle a permis à l'homme de mieux appréhender les réalités matérielles. Toutefois, l'effort rationnel est limité devant les réalités invisibles. Les profondeurs de notre esprit se comprennent mieux à l'aide des systèmes symboliques et des mythes. Or, la critique de la raison a souvent eu pour effet de rejeter ces réalités invisibles. Même des théologiens affirment de nos jours que les histoires bibliques ne sont que des contes comme on en trouve dans toutes les religions païennes. Cette perception démontre une profonde incompréhension de l'intervention de Dieu.

Les symboles rassemblent la réalité pour nous[163]. Un mythe donne accès à des émotions et à des réflexions sur des réalités qui dépassent ce que nos sens et notre raison peuvent percevoir. Contrairement à l'intelligence qui analyse et classe des faits, le mythe unie le conscient et l'inconscient. Il nous relie aux réalités universelles et éternelles. Il nous fait prendre conscience de notre petitesse et de notre besoin d'un Sauveur. Enfin, par un processus d'identification aux personnages, la plupart des récits mythiques nous permettent de prendre part au combat cosmique du bien contre le mal.

Si le mythe évoque une réalité, cela ne veut pas dire pour autant qu'il est vrai. Une fable peut être habilement conçue et bien décrire les besoins de l'âme humaine sans, toutefois, contenir en elle-même une quelconque vertu salvatrice. Le mythe n'apporte le salut que lorsqu'il reflète parfaitement la réalité visible et invisible. Il faut qu'un vrai Sauveur, venu d'un autre monde, incarne le Messie attendu par notre inconscient collectif.

C.S. Lewis, auteur de plusieurs récits mythiques, dont *Narnia*, décrit bien le rapport entre le mythe et la réalité divine. *Or le mythe transcende la pensée, l'incarnation transcende le mythe. Le cœur même du christianisme est un mythe qui est en même temps un fait. L'ancien mythe du Dieu qui meurt, sans cesser d'être un mythe, descend du ciel de la légende et de l'imagination sur la terre de l'histoire. Il se réalise – à une date et en un lieu précis –, et il s'ensuit des conséquences historiques définissables. Nous passons d'un Balder* [dieu scandinave de justice, de lumière et de beauté] *ou d'un Osiris* [dieu égyptien des forces végétales, donc du recommencement et de la mort], *mourant on ne sait quand ni où, à un Personnage historique (en règle) sous Ponce Pilate. En devenant fait, il ne cesse pour autant d'être mythe : c'est là le miracle*[164]. Ainsi se rencontrent le besoin d'un salut et la réalité d'un Sauveur. L'incarnation, c'est l'espérance de l'humanité amenée à son plein accomplissement. C'est le point de jonction entre l'aspiration du mythe et la source de tout bien, de tout réel visible et invisible. C'est le lieu où l'âme peut trouver son point d'ancrage dans la vérité[165].

La peur

La vérité est toujours un peu terrifiante. Nous avons du mal à la dire et plus encore à l'entendre. Aujourd'hui, plus que jamais, la vérité fait peur parce qu'elle est directement en conflit avec les valeurs de notre siècle. En effet, nous avons assisté à la disparition de la morale traditionnelle. Cependant, cela ne signifie pas qu'il n'y a plus de norme, mais juste que la morale actuelle n'est plus construite sur la pensée judéo-chrétienne. En moins de trois siècles, une nouvelle éthique s'est installée petit à petit à partir des préceptes naturalistes et humanistes. L'idée de plaire à Dieu a été remplacée par un projet social, puis par des projets individuels. La recherche du bonheur personnel est le nouveau *credo* de notre temps.

L'impact de cette dernière injonction est énorme. Nous pensons que nous avons l'obligation de veiller avant tout sur notre bonheur individuel. Aussi mettons-nous en œuvre les moyens d'éliminer tout ce qui nuit à notre épanouissement personnel. Or, cette façon de penser favorise la croissance d'une culture axée sur les droits individuels au détriment des devoirs envers les autres. De plus, elle entraîne une peur morbide de toute instance de contrôle qui risquerait d'entraver la liberté individuelle. C'est pourquoi elle fait appel au relativisme pour étouffer l'ancien système moral et tout ce qui s'opposerait au culte du bonheur personnel.

« Je suis correct. » « Tu es correct. » « Nous sommes corrects. » Nous n'allons pas plus loin dans notre réflexion. Nous n'avons plus besoin de confronter les idées. « Tout est correct. » Personne n'a le droit de prétendre que sa vérité est plus vraie que celle de l'autre ni même d'évaluer les valeurs prônées dans la société. Chacun peut décider ce qui est bon et ce qui est mauvais pour lui. Une chose peut être correcte pour un individu, mais pas pour un autre. « Si tu es heureux en faisant cela, c'est correct » est la nouvelle panacée des thérapeutes.

L'enjeu véritable de cette mentalité est beaucoup plus que la promotion d'une valeur relative. C'est l'accueil d'une nouvelle vision du monde où l'individu est placé au centre de l'univers. Le « moi » d'abord. Et nous acceptons plus ou moins consciemment que cette éthique motive tout ce que nous faisons ou pensons.

Le conformisme à cette mentalité se répercute sur notre vie conjugale. En effet, parce que nous avons assimilé l'idée qu'absolument rien ne doit entraver notre jouissance personnelle, nous trouvons tout à fait inconcevable de ne pas gérer notre avenir en fonction de la passion seulement. De plus, nous réclamons le plaisir à court terme. Tant pis pour les autres !

Dans ce contexte, il n'est pas étonnant que l'altérité soit devenue une notion si peu familière qu'il faille la redéfinir à l'aide d'un nouveau vocabulaire. Autrefois, les gens étaient habités d'un plus grand désir de s'entraider et de reconnaître les particularités de l'autre. Le mariage était un concept intériorisé qui découlait d'une vision du monde axée sur l'au-delà et sur la cohésion sociale. La famille agissait comme une institution qui perpétuait la race et qui initiait l'enfant à la vie adulte en société. Cependant, l'importance de ces valeurs s'est peu à peu effritée. Aujourd'hui, l'intimité fait peur précisément parce que le territoire du partage menace la suprématie du « moi » et parce que la nécessité de la transparence révèle chaque individu sous son vrai jour.

La place du bonheur

Je ne dis pas que le bonheur n'a aucune importance. D'ailleurs, je propose plusieurs façons d'y parvenir dans ce livre. Toutefois, la conception du bonheur que je préconise est avant tout réaliste. Nous vivons dans un monde où règne le mal. Pour gagner un instant de bonheur, nous devons travailler fort et apprendre à surmonter les conflits.

Le bonheur que je prône est aussi partagé. Il se vit en couple, en famille, en société et avec Dieu. À l'occasion, l'individu peut jouir de temps de repos et de ressourcement centré sur lui. Cependant, celui qui n'oriente sa quête de bonheur que sur lui-même sera vite aliéné du reste du monde, voir de sa propre personne créée pour être en communion avec les autres.

Je milite donc pour le bonheur, mais pas à tout prix. Il est un ingrédient essentiel de l'existence, mais pas son but premier. Ainsi je crois qu'une troisième voie se dessine entre un traditionalisme rigide et un libéralisme individualiste axé sur l'épanouissement personnel. Entre la fidélité austère et la passion obligatoire, il y a l'union qui, à la fois, cherche la sécurité par l'engagement et entretient l'amour conjugal par plaisir. Entre un paternalisme gréco-romain où le mâle domine sa famille – souvent d'une manière brutale – et un féminisme radical qui rejette toute autorité masculine, il y a l'homme bienveillant qui protège les siens et reprend ses enfants avec amour pour faire respecter des règles qui assurent l'ordre, l'harmonie et le bonheur familial. De même, entre la femme servile et celle qui veut tout diriger, il y a la femme en paix avec elle-même qui accompagne son mari, heureuse de cheminer auprès de lui et convaincue de sa valeur. C'est cette troisième voie que j'ai tenté de décrire dans les pages précédentes.

La vision sous-jacente à ce type de bonheur se construit sur l'amour de la vérité. Pour emprunter cette voie avec succès, nous devons saisir les réalités qui animent notre monde et celui de l'au-delà. Nous devons aussi comprendre la place qu'occupe l'être humain dans l'univers et chercher à combler ses besoins fondamentaux. Nous sommes des personnes douées d'une volonté qui nous permet de nous engager et de nous battre. Enfin, nous avons des émotions et un corps qui désirent s'épanouir.

Les croyances populaires

Aujourd'hui, bien des croyances populaires et mal fondées s'opposent à la vérité. Nous avons vu qu'un système de valeurs doit être réaliste, efficace, et cohérent avec la vision du monde qui le soutient. Or, nous ne pouvons pas transmettre des valeurs solides si notre objectif est de nous donner bonne conscience afin de mener notre vie à notre guise. Dans ce cas, les valeurs véhiculées seront un ramassis de dictons et de faux raisonnements remplis de contradictions.

Voici quelques exemples de propos recueillis dans les messages électroniques envoyés à Chasteté-Québec ou dans le premier forum de discussion que nous avons créé. Plusieurs reflètent des idées communément acceptées, qui visent à chasser toute forme de jugement moral : « Nous évoluons vers mieux » ; « Tous les styles de vie sont bons » ; « Il faut tolérer toutes les philosophies » ; « Tolérer, c'est approuver » ; « Le bien et le mal, c'est relatif » ; « Chacun doit se faire une opinion sans être influencé » ; « Respecter l'autre, c'est se taire » ; « Se respecter, c'est respecter ses désirs ».

D'autres fausses croyances que nous avons relevées dans le site de Chasteté-Québec démontrent la fragilité des bases sur lesquelles les gens font reposer leur compréhension du couple et de la sexualité : « Le sexe est une pulsion incontrôlable » ; « Le sexe est bon, peu importe le contexte » ; « Tous les jeux sexuels sont bons » ; « Sexe et amour sont dissociables » ; « Il faut découvrir la sexualité le plus tôt possible » ; « Sans sexe, on n'est pas un couple » ; « Faire l'amour est une affaire privée et ne fait de mal à personne » ; « L'avortement fait partie des risques normaux » ; « Les ITS sont inévitables » ; « La pornographie est sans danger ».

Enfin, certaines fausses conceptions émises visent à ridiculiser ou à marginaliser les valeurs liées à la chasteté et au mariage : « La chasteté n'offre aucun avantage » ; « L'abstinence peut rendre malade » ; « Si c'est difficile d'être chaste, c'est que c'est mauvais » ; « Le condom protège mieux que l'abstinence » ; « Les personnes chastes n'ont pas de désirs » ; « L'abstinence, c'est vieux jeu » ; « L'enseignement de la chasteté crée des tabous » ; « L'enseignement de la chasteté est centré sur le négatif » ; « Le mariage est une prison » ; « Le mariage n'est qu'un bout de papier » ; « Le mariage, c'est religieux » ; « Personne ne peut attendre si longtemps ».

Ces idées dans leur ensemble sont sans doute familières à plusieurs lecteurs. Certaines leur paraissent peut-être vraies. Pourtant, aucune ne l'est. En effet, il suffit de réfléchir un peu et de poser quelques questions pour que la fausseté de ces raisonnements apparaisse. Nous avons donc avantage à repenser nos valeurs afin de les rendre plus cohérentes. Pour y arriver, nous devons établir un cadre, une vision qui définit le sens de la vie sexuelle, ce vers quoi elle doit tendre.

Le mensonge

Si la cohérence est très importante, nous devons néanmoins savoir la distinguer de la vérité. En effet, la cohérence n'assure pas la validité d'un système de pensée. Un bon mensonge peut être tout à fait cohérent. C'est pourquoi la vérité ne se définit pas par l'intégrité d'un mode de pensée.

Il n'y a qu'une réalité ultime, même s'il y a plusieurs systèmes de pensée relativement cohérents. Un enseignement sur la sexualité sera le garant de vies conjugales et sexuelles épanouies seulement si la vision du monde qu'il propose correspond aux besoins réels de l'être humain et à sa véritable destinée éternelle. Il en est ainsi pour les valeurs et les comportements qui découlent de cette vision.

La première section du présent livre résume les conséquences dramatiques d'une révolution sexuelle qui ne s'est pas appuyée sur une vision réaliste de l'homme et qui s'est contentée de gérer les risques plutôt que d'intervenir à la source et d'éliminer les vraies causes du mal. Elle n'a pas tenu compte de l'ensemble des besoins fondamentaux de l'être humain ni de ses dimensions spirituelle et morale.

En fait, les croyances véhiculées par la révolution sexuelle n'ont même pas réussi à se cristalliser sous la forme d'un bon mensonge, puisque les propositions qu'elle a avancées se contredisent. Ce constat doit nous motiver à rechercher la cohérence. Cependant, si les penseurs qui veulent maintenant réformer l'enseignement de la sexualité se contentent d'accentuer la cohérence du discours tenu à l'heure actuelle sur la place publique, ils pourraient bien construire un terrible mensonge, qui nous éloignerait davantage de la réalité humaine et du Réel absolu.

L'universalisme

Notre vision du monde spirituel a été bouleversée, et l'idée de vérité absolue tend à disparaître. C'est pourquoi l'universalisme se taille une place malgré la tendance de plus en plus marquée de l'être humain à voir dans l'individu la valeur suprême. La conception populaire de cette doctrine fournit aux êtres humains l'espoir d'un monde meilleur, entre autres en proposant l'amalgame des vérités existantes afin d'éviter tout conflit. D'ailleurs, plusieurs penseurs religieux espèrent que les discussions interconfessionnelles et l'innovation éthique permettront de rallier les camps divergents. Serait-il possible que l'universalisme supplante un jour les particularités culturelles des peuples et que plusieurs religions et diverses disciplines scientifiques se rassemblent autour d'une croyance commune centrée sur l'être humain? Il s'agirait alors d'une philosophie universelle qui accueillerait en son sein à peu près toutes les convictions.

Réfléchissons, cependant, aux graves conséquences qui découlent de notre tendance à considérer toutes les croyances égales. Si toutes les vérités sont bonnes, sont-elles encore des vérités? Je comprends la difficulté qu'il y a à déterminer quel dogme ou quel système religieux est vrai et lequel est faux. Je comprends aussi que pour favoriser la cohabitation des cultures, notre société doit adopter un mode de pensée pluraliste. Mais toutes les vérités sont-elles de valeurs égales? Il y a de nos jours une dangereuse tendance à le croire, au point qu'on en vient à se faire un choix personnel à la carte et à concocter sa propre religion: un petit peu de bouddhisme, une pincée de christianisme, le tout assaisonné de rites celtiques!

Pourtant, la simple logique nous démontre que toutes les croyances ne peuvent pas être vraies. Par exemple, il est impossible que Dieu existe et qu'il n'existe pas en même temps. S'il existe, il ne peut pas être à la fois un Dieu personnel et une vague force impersonnelle comme certains le perçoivent. Il ne peut pas y avoir une vie après la mort et ne pas y en avoir en même temps. C'est absurde! La notion d'un jugement final et de la réincarnation ne peuvent pas davantage cohabiter. Il y a nécessairement des visions du monde qui sont fausses. En fait, il n'y a qu'une réalité visible et invisible, qui se révélera en définitive être la seule vraie réalité: LA vérité.

La difficulté, c'est que la réalité de l'au-delà ne se palpe pas avec les sens. Au cours de notre courte vie terrestre, les réponses aux grandes questions existentielles ne peuvent pas nous être données par les observations scientifiques. En effet, la science ne peut pas dire grand-chose des réalités qui ne sont pas de ce monde physique. Après notre mort, cependant, la vérité apparaîtra de façon claire. Si Dieu existe, nous serons fixés sur sa véritable identité. Aurons-nous choisi le bon objet de foi? Et quelle sera la conséquence de notre choix? C'est ce que nous découvrirons alors[a].

La spiritualité

Nous ne devons pas confondre toutes les sortes de spiritualité. Une spiritualité centrée sur l'homme où chacun peut définir la réalité à sa guise est tout le contraire d'une véritable quête de vérité qui conduit au Dieu réel. Par exemple, la spiritualité offerte par le Nouvel Âge garde les yeux fixés sur le potentiel humain. Elle offre diverses thérapies par la méditation et peut même faire appel à des forces occultes qui n'ont rien à voir avec un Dieu personnel à la fois transcendant et immanent. Cette approche est comparable au paganisme d'autrefois, sauf qu'elle ne se répand pas sous la forme d'une religion officielle mais au travers du véritable culte de notre siècle : celui de l'individu.

Une spiritualité qui méprise la liberté individuelle et qui force l'être humain à croire en une vérité n'est pas plus saine, surtout si elle s'appuie sur une loi impitoyable. Le christianisme authentique, quant à lui, présente un Dieu qui offre avant tout le salut et non la condamnation[166]. Lorsque ce Dieu appelle au salut, il parle avec une voix douce. Et bien qu'il attire l'être humain à lui, il le laisse toujours libre de l'aimer ou de le rejeter. Cependant, cette liberté ne modifie pas la réalité. La vérité reste toujours la vérité. Elle ne change pas, car Dieu ne change pas.

Une spiritualité centrée sur la tradition religieuse éloigne également l'être humain d'une véritable relation avec Dieu. Par contre, une vie spirituelle qui s'enracine dans la Bible permet une communion authentique avec le Père. Jésus a dit en parlant de la Parole de Dieu : *Ta parole est la*

---

a. La Bible nous encourage, cependant, à découvrir la vérité avant notre mort en acceptant avec foi ce que Dieu déclare être vrai.

vérité[167]. Puisqu'elle est la vérité, l'homme ne doit pas la contredire en y mélangeant toutes sortes de considérations politiques, philosophiques ou scientifiques. La Parole de Dieu est présentée dans la Bible. Une soif sincère de vérité doit donc se traduire par la volonté de saisir son message, sans l'altérer.

Une spiritualité axée sur le Dieu réel libère l'homme de lui-même et du péché. La vraie religion, c'est la foi mise en action pour mieux aimer Dieu et le prochain. C'est la libération d'hommes, de femmes et d'enfants qui adorent Dieu et le célèbrent dans la communauté du peuple racheté. C'est la recherche de la présence de Dieu, pour qu'il révèle notre moi réel et le transforme à l'image de ce qui est saint et source de vérité, de pureté et de bonté.

La tyrannie du temps

Pourquoi si peu de gens ont-ils soif de vérité? D'une part, comme nous l'avons vu, parce que l'être humain dans son souci de satisfaire ses désirs ébauche ses propres raisonnements afin de se donner bonne conscience. D'autre part, parce qu'il peut se sentir perdu devant la grande diversité de discours et abandonner sa recherche parce qu'on lui assure que, d'une façon ou d'une autre, toutes les vérités sont acceptables.

Je crois qu'il y a une troisième raison pour laquelle la majorité des gens ne recherche pas la vérité: ils n'en ont tout simplement pas le temps ni la force. En effet, la vie moderne ne favorise pas la méditation et l'étude. Tout roule si vite dans ce monde de fou! Le simple fait de réfléchir à ses valeurs demande un effort que plusieurs n'ont pas le loisir de s'offrir. Dans cette masse grouillante emprisonnée dans la routine « métro, boulot, dodo », les individus se sentent souvent comme des fourmis emportées par le courant de la vie. Essoufflés, ils semblent perdre leur liberté de savoir exister. Mais peut-être n'ont-ils jamais désiré vivre pour « être » et cherchent-ils plutôt à « paraître », à « avoir » et à « faire ».

Notre monde occidental est fier d'échapper à la pauvreté. Toutefois, nous avons tendance à croire que les biens matériels vont combler tous nos besoins. Nous travaillons plus pour posséder davantage et nous ne parvenons pourtant pas au vrai bonheur. Trop occupés pour avoir une vie sociale et familiale, nous nous sentons de plus en plus seuls au milieu de la foule. Nous sommes accablés également par les épreuves, qui sont le lot de tous les êtres humains. Écrasés par la vie, nous nous accrochons comme nous le pouvons à des bouées de sauvetage trompeuses, qui deviennent notre nouvel horizon. Les vendeurs d'illusions font fortune. Ils nous procurent tout ce dont nous avons besoin pour engourdir notre souffrance et endormir notre conscience : drogues, sexe, pornographie, biens matériels et nourriture à profusion, sports extrêmes, jeux, vidéos, loteries, etc.

Cependant, à cause des blessures de la vie, nous avons de plus en plus de difficulté à maintenir l'équilibre fragile que nous échafaudons à grand-peine. C'est ainsi que la fatigue, la peur et l'illusion caractérisent notre génération. Alors, où donc trouver le temps et l'énergie pour chercher la vérité et transformer notre société ? Angoissés dans un monde qui change trop vite, nous jugeons plus facile de maintenir le *statu quo*. Sous la férule de la pensée de ce siècle, nous préférons nous opposer à ceux qui osent soulever les vraies questions. Le simple fait de réfléchir nous épuise. « De toute évidence, ce sont des moralisateurs anachroniques ! Dites-nous donc plutôt que les hommes arriveront à construire un monde meilleur ! » Mais quel monde meilleur ? Et qui le construira ? L'espérance moderne – celle qui a remplacé la foi chrétienne – consiste à croire que l'humanité évolue toujours vers mieux. Pourtant, est-il si évident que nous évoluons vers mieux ? Il est vrai que la technologie progresse, mais l'être humain et son environnement s'améliorent-ils ?

Regardons les choses en face. La nature humaine ne change pas. Il y aura toujours de la cruauté gratuite et des gens malhonnêtes et sans scrupules qui exploiteront les plus faibles. L'homme est en train aussi de détruire l'écosystème. Ne voyez-vous pas les tornades, les sécheresses, les inondations, l'été en hiver et l'hiver en été ? Scénario apocalyptique ? « Non ! affirment les gens, nous évoluons vers un monde meilleur. »

La destinée des héros
La Bible, quant à elle, déclare que les êtres humains se dirigent vers une catastrophe finale *parce qu'ils sont restés fermés à l'amour de la*

vérité qui les aurait sauvés[168]. Puissions-nous ne pas être du nombre de ceux et de celles qui se laissent duper par le mensonge ! L'illusion que toutes les croyances se valent au sein des sociétés pluralistes et celle qui consiste à croire que l'égocentrisme apporte le bonheur sont, à mon avis, deux grands drames de notre époque. Le fait de cohabiter avec différentes cultures ne devrait pas endormir notre intelligence ni nous condamner à l'uniformité.

La recherche de la vérité n'est pas une démarche facile, mais devrions-nous démissionner pour autant ? Devrions-nous expérimenter toutes les religions pour découvrir laquelle est vraie ? À ceux qui se posent de telles questions, je réponds tout bonnement : « Si vous ne savez pas comment vous y retrouver, priez avec humilité et demandez à Dieu de se révéler à vous et de vous convaincre de la vérité. Il peut le faire. Il est Dieu, n'est-ce pas ? »

La quête de la vérité est la destinée des héros. Soyons donc courageux. Et sachons que nous pouvons goûter des moments de bonheur en combattant le mal et en traitant nos blessures d'après la Parole de Dieu, source de vérité et d'amour.

Conclusion

Que pensez-vous des valeurs entourant le couple et la famille que nous venons d'examiner ensemble? Croyez-vous à l'importance du mariage? Des enfants? Quelle est votre vision de la vie, de l'amour, du plaisir et de la vertu, du corps et de l'esprit, du bien et du mal? Croyez-vous que les valeurs décrites dans ces pages peuvent améliorer le sort de la nation et lui apporter différentes formes de guérison?

Quelles leçons avons-nous tirées?

Les révolutions sexuelle et féministe ont eu de bons côtés. Elles ont chassé la peur et certains tabous rattachés à la sexualité. L'avènement de la sexologie nous a permis de mieux connaître notre corps et d'éduquer les gens. Cependant, dans notre quête de liberté – parce que nous réagissions aux blessures d'un passé coercitif – nous n'avons mis aucun frein à notre contestation de l'autorité traditionnelle et nous sommes allés jusqu'au libertinage. Nous avons même établi l'amour libre comme norme sociale au cours des années 1960. Centrés sur le plaisir physique, nous avons oublié que l'amour et l'engagement sont la base de l'union sexuelle. Nous avons rejeté le mariage. La famille hétérosexuelle a éclaté. Et bien que nous ayons constaté les souffrances énormes que notre conduite infligeait à nos enfants et à d'autres adultes, nous n'avons pas changé de comportement.

Les organismes qui veillaient à la santé publique se sont préoccupés d'une partie seulement des conséquences de la révolution sexuelle. Ne voulant pas s'opposer à ce grand bouleversement social, ils se sont limités à faire la promotion des moyens contraceptifs et du condom. Toutefois, cette intervention restreinte n'a pas redressé la situation. Impuissants, les spécialistes et les intervenants ont observé dans les années 1970 la hausse catastrophique des infections transmissibles par voie sexuelle. Ils ont aussi constaté l'accroissement des grossesses chez les adolescentes ainsi que chez les femmes adultes qui ne vivaient pas une situation familiale stable et qui ne désiraient pas concevoir un enfant. L'avortement est devenu un moindre mal aux yeux de plusieurs. Les jeunes filles qui choisissaient de garder l'enfant devaient souvent être aidées par l'État et vivaient sous le seuil de la pauvreté. Une fois encore, malgré de nombreuses publications faisant état de statistiques alarmantes, nous n'avons pas modifié nos habitudes de vie.

Nous rêvions d'un monde meilleur où l'amour remplacerait la guerre. Cependant, aujourd'hui, nous assistons plutôt à l'implantation d'une culture pornographique où la sexualité est en proie à toutes sortes de stéréotypes qui la stigmatisent. Au fil des années, nos comportements sexuels tendent à imiter la norme véhiculée par le monde médiatique. Si nous n'agissons pas, bientôt ce monde virtuel de consommation des corps que l'on jette après usage aura entièrement transformé notre sexualité en un univers de performance, de haine et d'illusions. Nous voyons déjà, d'ailleurs, des adolescents s'adonner à toutes sortes d'expériences douteuses. Et même les adultes scandalisés sont lents à réagir.

Toutefois, des voix se lèvent maintenant en quête de valeurs. Différents intervenants de la santé pensent qu'il faut aller plus loin que l'enseignement mécanique du sexe qu'on dit « protégé ». Des philosophes disent qu'il faut repenser la révolution sexuelle. Ce n'est pas seulement l'arrivée du mouvement en faveur de la chasteté qui suscite ce débat. Tous s'entendent pour dire qu'il y a un lien direct entre les principes moraux et les mœurs d'une personne ou d'une société. Que nous parlions de pollution, d'économie ou de sexualité, notre conduite n'est jamais indépendante de notre vision du monde.

Et Dieu ?

Dans ce livre, j'ai parlé de Dieu. En le faisant, je n'ai pas du tout nourri l'intention d'imposer mes convictions aux autres. J'ai simplement usé de ma liberté pour partager des valeurs que je crois salutaires pour chaque individu et pour la nation.

Même si j'ai exposé le christianisme avec ferveur, je respecte entièrement les personnes qui n'adhèrent pas à ma foi. De plus, je crois qu'il est possible de comprendre plusieurs notions dont j'ai parlé dans le cadre d'une morale naturelle. Par exemple, nous pouvons tous saisir l'importance du mariage, car il est primordial pour chaque être humain de choisir des valeurs et des habitudes de vie protectrices. Il est donc logique que toute la société travaille à la réalisation d'un plan d'action qui restaurera les couples et les familles. J'espère, par ailleurs, avoir contribué à diminuer les préjugés qui séparent le monde séculier des croyants. Car, ensemble, nous devons réparer les brèches faites dans les relations entre les hommes et les femmes, les parents et les enfants, les dirigeants spirituels et le peuple. En y parvenant, nous restaurerons nos foyers, ces demeures en ruine.

Il y a 2700 ans, lorsque le prophète Ésaïe a parlé de supprimer l'oppression, de réparer les brèches et de restaurer les demeures en ruine, il ne pensait certainement pas à notre situation actuelle. Toutefois, le rôle des prophètes de la Bible et celui des chrétiens d'aujourd'hui est le même : aimer Dieu et aimer le peuple. Or, le véritable amour ne se soucie pas seulement du confort. Il se préoccupe aussi de la vérité. Tout chrétien convaincu se tourne donc vers Dieu afin d'intercéder pour ses compatriotes et il s'adresse ensuite au peuple pour l'exhorter. Le message de Dieu qu'il transmet ne vise pas à rassurer les gens afin qu'ils continuent à marcher en toute quiétude sur une voie périlleuse. Il est appelé plutôt à les inciter à changer de vie et à revenir à leur Créateur.

En somme, j'ai proposé dans les pages précédentes une réflexion qui agit sur deux plans. D'abord, sur le plan communautaire, les principes que j'ai énoncés peuvent amener la société à choisir des valeurs solides et à entreprendre des actions concrètes susceptibles d'aider la collectivité à bâtir un beau projet pour la famille et la pratique de la sexualité. Ces principes forment une pensée cohérente. Si nous les adoptons, nous transmettrons une grande sagesse à la génération montante.

Puis, sur le plan individuel, le message que j'ai présenté invite chacun de nous à choisir des habitudes de vie saines et des croyances fondées sur le Réel invisible. Or, pour cela, ne devons-nous pas réfléchir sur le sens de la vie et accepter qu'il y a un Grand Dieu au-dessus de nous ? Ne devons-nous pas nous humilier et reconnaître que c'est lui le Seigneur de l'univers ? Le pasteur Henry Blackaby dit dans une étude très enrichissante : *Souvenez-vous que la vérité spirituelle n'est pas seulement un concept sur lequel on peut réfléchir et que l'on peut débattre ou discuter. La Vérité est une Personne. Quand Dieu se révèle lui-même et révèle ses desseins et ses voies, vous avez besoin de vous préparer à lui répondre dans l'obéissance*[169].

Que devons-nous faire maintenant ?

En écrivant ce livre, j'ai voulu, après avoir résumé la situation, mettre en garde contre une réflexion qui serait trop succincte. S'il semble y avoir à l'heure actuelle un consensus sur l'importance d'un retour à la relation amoureuse et à l'engagement, il y a encore lieu de mieux définir ces notions. Il importe de les expliquer dans un espace plus large, en réfléchissant aux différentes conceptions de l'univers et de l'humanité qui nous sont proposées. Les valeurs que nous enseignerons à la génération future doivent être solides et appuyées sur une vision cohérente du monde et de la personne humaine.

J'espère que la réflexion actuelle nous permettra de bien mener à terme la réforme de nos habitudes sexuelles. Je souhaite que des jeunes militent en ce sens pour influencer la culture mais aussi des adultes, car leur rôle est crucial. J'espère également que les détenteurs du pouvoir traduiront cette nouvelle vision du monde par des transformations sociales importantes qui renverseront les tendances anarchiques d'une libido laissée sans maître.

Pour reconstruire ce qui a été détruit, notre recherche de valeurs saines doit être accompagnée d'une quête de guérison. Nous devrons permettre à nos blessures passées de se cicatriser. En effet, la véritable liberté de choisir et d'agir, tant dans le domaine de la sexualité que dans celui de la spiritualité, n'apparaîtra que lorsque nous cesserons de réagir à la répression qui a provoqué notre révolte. Les êtres humains qui composent les peuples doivent grandir. D'adolescents rebelles, ils doivent devenir des adultes capables de gérer leurs désirs afin d'atteindre leurs buts. Les blessures de la répression sexuelle comme celles de la révolution qu'elle a entraînée doivent être guéries. L'anarchie des désirs n'est pas plus souhaitable qu'une rectitude morale dénuée de toute sensibilité. C'est pourquoi j'ose croire que les dirigeants des différentes religions seront aussi interpellés, en particulier ceux des religions chrétiennes. Enfin, même si l'Église et l'État sont des entités séparées, je crois que Dieu est toujours prêt à bénir spirituellement et matériellement lorsque chacun assume ses responsabilités.

J'espère également que les hommes et les femmes ainsi que les parents et leurs enfants se réconcilieront dans une atmosphère d'accueil et de pardon mutuels. Une telle démarche relève peut-être du miracle. Mais j'y crois! Il est toujours possible qu'un mouvement d'envergure nous rapproche les uns des autres et nous conduise à la guérison, à l'amour et à la coopération. Cependant, tout cela ne sera possible que si la génération qui a introduit la révolution sexuelle reconnaît que le travail est inachevé et se repent des erreurs commises au cours de cette révolution.

De nouvelles structures comme un bon programme d'éducation, une approche différente en santé publique et des lois pour censurer ou encadrer la câblodistribution seraient un premier pas important. Toutefois, une transformation sociale radicale exige un changement dans le cœur de chaque personne. Sommes-nous prêts pour un tel virage idéologique?

Toute réforme des valeurs nécessite une réflexion profonde, et le changement de nos habitudes sexuelles n'aura pas lieu sans que les idées s'entrechoquent, mais j'ose espérer que les passions que susciteront ces débats seront maîtrisées. La guérison ne peut pas émaner d'un climat de guerre.

Parlerons-nous de chasteté?

J'ai présenté la chasteté comme une valeur de remplacement positive. La chasteté n'a rien à voir avec cette peur morbide de la sexualité qui a fait tant de ravages autrefois. J'irais jusqu'à dire que cette ancienne vision des choses est tout à fait opposée à la véritable chasteté. Comme les fausses spiritualités, la fausse chasteté blesse les gens et les éloigne de la vérité.

La vraie chasteté contribue au bonheur. Elle s'oppose à la répression de la sexualité tout autant qu'à la conception moderne du plaisir obligatoire et sans contrainte. La vision de la chasteté que je propose est bien plus qu'une méthode mécanique de protection. Elle est un mode de vie et de pensée qui transforme le caractère et le comportement, favorise la modestie, la sobriété, la fidélité et la pudeur.

Notre vie sexuelle est dotée de lois incontournables qui sont enracinées dans notre nature à la fois charnelle et spirituelle. La chasteté oriente notre libido vers le cadre le plus propice à l'expression merveilleuse de la vie et de l'amour : le mariage. Elle ne nous empêche pas de jouir de la vie avant ou après le mariage. Bien au contraire! Elle nous permet de prendre conscience que l'énergie de la vie est plus que l'énergie sexuelle, que nous pouvons jouir de notre corps et de notre esprit de multiples façons.

La chasteté réunit l'amour, le sexe et l'engagement. Or, ces ingrédients sont tous essentiels pour l'épanouissement des couples et des familles. Bien sûr, nous pouvons théoriquement séparer ces éléments les uns des autres. En le faisant, cependant, nous dénaturons la relation sexuelle, appelée à être consacrée, belle et pure.

Fermerons-nous les yeux encore longtemps? Est-ce que nous aurons enfin à cœur d'aider la génération future à grandir sainement? La chasteté est le plus bel héritage que nous puissions lui léguer. Si nous croyons à notre couple, si nous agissons avec amour et respect envers notre partenaire et nos enfants, nous affermissons le cœur des jeunes et nous posons des bases solides dans la société.

Bâtirons-nous sur du solide?

En terminant, j'aimerais évoquer un cataclysme qui fait dorénavant partie de l'histoire des Québécois. En 1996, au Saguenay, des pluies diluviennes ont causé la rupture d'un barrage et le débordement de plusieurs rivières. Des routes et des résidences ont été emportées, mais une petite maison blanche a résisté aux flots en furie de la rivière Chicoutimi. Pourquoi? Dans un site Internet consacré à l'événement, nous pouvons lire ceci: *D'abord, il faut savoir qu'au début du siècle, lors du rehaussement du lac/réservoir Kénogami, les propriétaires avaient pris soin d'élever la maison sur de hautes fondations en béton. [...] De plus, la maison étant bâtie sur le roc, c'est la saillie rocheuse derrière la maison qui aurait dévié le courant, protégeant ainsi les fondations*[170].

Ces commentaires rappellent les paroles mêmes de Jésus-Christ: *C'est pourquoi, celui qui écoute ce que je dis et qui l'applique, ressemble à un homme sensé qui a bâti sa maison sur le roc. Il a plu à verse, les fleuves ont débordé, les vents ont soufflé avec violence, ils se sont déchaînés contre cette maison : elle ne s'est pas effondrée, car ses fondations reposaient sur le roc*[171]. Il en est ainsi pour notre couple, notre famille et notre comportement sexuel. S'ils reposent sur des valeurs solides et une vision du monde qui correspond à la vérité, ils résisteront aux épreuves de la vie et assureront notre protection.

Un parc a été érigé autour de la Petite Maison blanche de la rue Gédéon. L'image de cette maison bravant les intempéries restera gravée dans notre mémoire collective, car elle est devenue un symbole de sagesse et de résistance aux forces de la destruction.

Introduction

1. Robinson (P.), *The Modernization of Sex*, New York, Harper and Row, 1976, p. 2-3.

2. White (K.), *The First Sexual Revolution: The Emergence of Male Heterosexuality in Modern America*, New York, New York University Press, 1993, p. 14.

Section I: Un constat alarmant

Chapitre 1 : Une révolution inachevée

3. Guillebaud (J.-C.), *La Tyrannie du plaisir*, Paris, Éditions du Seuil, 1998, p. 42.

4. Foucault (M.), *Histoire de la sexualité, tome I, La Volonté de savoir*, Paris, Gallimard, 1977. Cité dans: Guillebaud (J.-C.), *op. cit.*, p. 69.

5. Guillebaud (J.-C.), *op.cit.*, p. 123.

6. *Ibid*, p. 80.

7. Paradis (M.), « Le VIH, l'ennemi scientifique numéro un », Prix Galien 1999, *L'actualité médicale*, p. 22-24.

   Paradis (M.), « Usage de drogues et VIH », *L'actualité médicale*, 21 octobre 1998, p. 18. Les données proviennent de la Douzième Conférence mondiale sur le sida, tenue à Genève à l'été 1998.

8. Huneault (D.), Lea (R. H.), "HIV In Women: The Changing Demographic", *The Canadian Journal of Diagnosis*, August 1999, p. 57-66.

9. Silversides (A.), "With HIV Prevalence Among Women Increasing, More Provinces Encourage Prenatal Testing", *CMAJ* 1998; 158(11): 1518-9, in: Huneault (D.), Lea (R. H.), "HIV In Women: The Changing Demographic", p. 57-66.

10. Olivier (C.), Robert (J.), Thomas (R.), *Le sida*, Association des médecins de langue française, 1995, p. 14.

11. *Ibid.*, p. 4.

12. Leclerc-Madlala (S.), Africa News, Mail & Guardian, October 4 2002.

13. Low-Beer (D.), Stoneburner (R. L.), "Sexual Partner Reductions Explain Human Immunodeficiency Virus Declines in Uganda: Comparative Analyses of HIV and Behavioural Data in Uganda, Kenya, Malawi, and Zambia", *International Journal of Epidemiology*, December 1, 2003, IJE Advance Access published online on May 6, 2004. http://ije.oxfordjournals.org/cgi/reprint/dyh094v1

14. Chauveau (S.), *Éloge de l'amour au temps du sida*, Paris, Flammarion, 1995. Cité dans: Guillebaud (J.-C.), *op. cit.*, p. 99.

15. Guillebaud (J.-C.), *op. cit.*, p. 100.

16. « Le sexe des ados inquiète », *Métro*, 26 juillet 2005.

Chapitre 2 : Des familles en souffrance

17. Oger (A.), *Enquête sur la vie très privée des Français*, Paris, Laffont, 1991, p. 307-308.

18. Turgay (A.), "Children and Families of Divorce: Developmental and Therapeutic Perspectives", *Contemporary Paediatrics*, Fall 1988.

19. Oger (A.), *op. cit.*, p. 288, 307.

20. McLanahan (S.), Booth (K.), "Mother-Only Families: Problems, Prospects and Politics", *Journal of Marriage and the Family*, 1989, Vol. 51, p. 557.

21. Leduc (F.), *Des données et des hommes: un autre profil... des réalités différentes*, outil de transfert de connaissances, DSP de la Montérégie, Régie régionale de la santé et des services sociaux de la Montérégie, Longueuil, printemps 2003.

22. Offord (D.) *Ontario Child Health Study: Summary of Initial Findings*, Toronto, Queen's Printer for Ontario, 1986.

23. Stewart (T. J.), Bjorksten (O.), "Marriage and Health", in: *Marriage and Divorce*, New York, The Guilford Press, Nadelson (C. C.) and Polonsky (D. C.) (eds), 1984, p. 60.

24. Saucier (J.-F.), « Dépression fréquente chez les femmes: le mariage est-il responsable? », *L'actualité médicale*, 5 novembre 1984.

25. Comité de la santé mentale du Québec: *Recommandations pour développer et enrichir la politique de santé mentale*, Québec, Les Publications du Québec, 1994, 60 p.

26. Morris (R.), Bermna (A.), Maltsberger (J.) et Yufit (R.), *Assessment and Prediction of Suicide*, New York, Guilford: 1992, p. 540-552.

27. Ross (C.), Mirowsky (J.), Goldsteen (K.), "The Impact of the Family on Health: The Decade in Review", *Journal of Marriage and the Family*, Vol. 52, 1990, p. 1059.

28. Chartrand (L.), « Père manquant, famille manquée », *L'actualité*, 15 octobre 1997, p. 18-23.

29. Chadda (T.), Stirtzinger (R.), "Children of Divorce: the GP as Mediator", *Medicine North America*, July/August 1996, p. 26-35.

30. Rosenthal (D. M.), Peng (C. J.), McMilton (J. M.), "Relationship of Adolescent Self Concept to Perceptions of Parents in Single and Two-Parent Families", *Int J Behav Dev* 1980, Vol. 3, p. 441-453.
Voir aussi Salter (E. J.), Steqart (K. J.), Lenn (M. W.), "The Effects of Family Disruption on Adolescent Males and Females", *Adolescence*, 1983, Vol. 18 (72), p. 931-942.

31. Tellier (G.), « Qu'expriment les adolescents à travers leurs problèmes psychosomatiques? », *Le Clinicien*, mars 1991, p. 131-143.

32. Garfinkel (B. D.), Golombek (H.), "Suicidal Behavior in Adolescents", in: *The Adolescent and Mood Disturbance*, New York, Golombek (H.) and Garfinkel (B. D.) (eds), New York International Universities Press, 1983, p. 189.

33. Laroche (A.), « Troubles d'apprentissage ou retard intellectuel – La valse des diagnostics », *L'Omnipraticien*, 21 mai 1997, p. 24-25.

34. Statistique Canada, « Grandir au Canada », Rapport 1994/95.

35. Dent (G. W. Jr.), "The Defence of Traditional Marriage", *Journal of Law and Politics*, Vol. XV, Number 4, Fall 1999, p. 628-637.

36. Belien, (P.), "First Trio « Married » in the Netherlands", *The Brussels Journal*, 2005-09-26. Accessible à : http://www.brusselsjournal.com/node/301

37. Statistique Canada, 1994.

38. Institut de la statistique du Québec, *La situation démographique au Québec – bilan 2004*, Québec, Bureau de la statistique du Québec, Gouvernement du Québec, décembre 2004, p. 69.

39. Garfinkel (B. D.), Froese (A.), Hood (J.), "Suicide Attempts in Children and Adolescents", *American Journal of Psychiatry*, 1982, Vol. 139, p. 1257-1261.

40. Dongois (M.), « Plus mortel que la guillotine », *L'actualité médicale*, juillet 2003, p. 14-15.

41. Dongois (M.), « Le suicide, fruit de la désintégration sociale », *L'actualité médicale*, juillet 2003, p. 14-15.

42. Duchesne (L.), *La situation démographique au Québec : édition 1998*, Québec, Bureau de la statistique du Québec, Gouvernement du Québec, décembre 1998, p. 72.

43. Robillard (Dr M.), *Douze questions à se poser avant...*, Longueuil, Éditions Ministères Multilingues, 2003, 255 p.

44. Bureau de la statistique du Québec, 24 novembre 1997.

45. Bureau de la statistique du Québec, 25 septembre 2007, *Taux de nuptialité des célibataires selon le groupe d'âge, indice synthétique de nuptialité et âge moyen au premier mariage, par sexe, Québec, 1951-2006.*

46. Carter (S.), Sokol (J.), *Et côté sexe, comment ça se passe?* Québec, Stanké, 1990, p. 181.

47. Oger (A.), *op. cit.*, p. 152.

48. Carter (S.), Sokol (J.), *op. cit.*, p. 218.

49. Institut de la statistique du Québec, *La situation démographique au Québec – bilan 2006*, p. 71.

50. Statistique Canada, Recensement de 1996 - *Familles de recensement dans les ménages privés selon la structure de la famille.*

51. Sugrue (S.), « La politique canadienne sur le mariage : une tragédie pour les enfants », *Report*, Institute of Mariage and Family Canada, 31 mai 2006.

52. Beaulieu (Y.), « Pourquoi le Québec n'a plus d'enfants? », *L'actualité*, 15 juin 1998, p. 58-62.

53. *Ibid.*

54. *Ibid.*

Section II : En quête de valeurs

Chapitre 3 : Des valeurs solides

55. Dusseault (A.-M.), « Table ronde – Quelles valeurs voulons-nous transmettre à nos enfants? », *Châtelaine*, décembre 2002, p. 72.

56. Millot (P.), « En 1989, ils rêvaient de... », *L'actualité*, 1er juin 2004, p. 41.

57. Turenne (M.), « À quoi rêvent les 15-18 ans? », *L'actualité*, 1er juin 2004, p. 29.

58. *Ibid.*, p. 31.

59. *Ibid.*, p. 38.

60. *Ibid.*

61. *Ibid.*, p. 36.

62. Dusseault (A.-M.), *op. cit.*, p. 76.

63. Fortin (C.), « Valeurs sûres », *Châtelaine*, décembre 2002, p. 81-86.

64. Dusseault (A.-M.), *op. cit*, p. 72.

65. Duquet (F.) et coll., *L'éducation à la sexualité dans le contexte de la réforme de l'éducation*, gouvernement du Québec, ministère de l'Éducation, 2003-03-00293, 2003, p. 9.

66. Robert (J.), *Le sexe en mal d'amour – de la révolution sexuelle à la régression érotique*, Montréal, Les Éditions de l'Homme, 2005, p. 212.

67. Saulnier (L.-A.), *Sexe et confidences*, TQS, 27 août 2002.

68. Gagné (M.), « Le combat des idées – Doit-on promouvoir davantage la chasteté chez les ados? », *Le Journal de Montréal*, 8 mai 2005, p. 18-19.

Chapitre 4 : Des valeurs pour le couple

69. Robert (J.), *op. cit.*, p. 172.

70. Robillard (Dr M.), *op. cit.*

71. Robson (B. E.), "Children of Disrupted Families", *Canadian Family Physician*, Vol. 37, February 1991.

72. ACSA, *Attitudes et comportements relatifs à la sexualité – Adolescents et mères du Canada*, 21 février 2006, p. 5.

Chapitre 5 : Le plaisir et la vertu

73. Guillebaud (J.-C.), *op. cit.*, p. 178.

74. La Bible, Genèse 1.31.

75. La Bible, Genèse 2.25.

76. La Bible, 1 Corinthiens 7.1-6.

77. Greer (G.), *La femme eunuque*, coll. J'ai lu, Paris, Éditions Laffont, 1971, 440 p.

78. Piper (J.), *Prendre plaisir en Dieu, réflexions d'un hédoniste chrétien*, Québec, Éditions La Clairière, 1986, 267 p.

Chapitre 6 : Le bien et le mal

79. Cité dans: Lickona (T.), and Davidson (M.) (2005). *Smart & Good High Schools: Integrating Excellence and Ethics for Success in School, Work, and Beyond.* Cortland, N.Y.: Center for the 4th and 5th Rs (Respect & Responsibility)/ Washington, D.C.: Character Education Partnership.

80. Bannerman (J.), "The Church of Christ", *The Banner of Truth Trust*, Edinburgh, Vol. 1, 1960, p. 339. Cité dans: Waldron (S.), *A Modern Exposition*, New York, Webster (NY), Evangelical Press, 1989, p. 269.

81. La Bible, Ésaïe 53.1-3 ; Philippiens 2.5-8.

82. La Bible, Ésaïe 53.9,11; Hébreux 4.15.

83. La Bible, Ésaïe 53.4-6,10-12; Romains 5.8; 2 Corinthiens 5.21; Galates 3.13.

84. La Bible, Jean 1.14.

85. La Bible, Hébreux 7.27; 9.12; 10.10.

86. La Bible, Jean 1.29.

87. La Bible, Jean 14.6.

88. La Bible, Actes 2.24; 2 Timothée 1.10.

89. La Bible, Jean 3.

90. La Bible, Galates 3.24-25.

91. La Bible, Éphésiens 2.8-10.

92. La Bible, Romains 8.15; Galates 4.6.

93. La Bible, Hébreux 12.4-11.

94. La Bible, Luc 18.8; Matthieu 24.12.

95. La Bible, Romains 1.20-23.

96. La Bible, 2 Timothée 3.5.

97. Changeux (J.-P.), Ricœur (P.), *La Nature et la règle*, Paris, Éditions Odile Jacob, 1998, 350 p.

98. Brune (F.), *Le Bonheur conforme*, Paris, Gallimard, 1985. Cité dans: Guillebaud (J.-C.), *op. cit.*, p. 122.

99. La Bible, Ésaïe 5.20.

100. Guillebaud (J-.C.), *op. cit.*, p. 38.

101. Payne, (L.), *Vivre la présence de Dieu*, Suisse, Éditions Raphaël, 1990, p. 146.

102. *Ibid.*

103. La Bible, Genèse 1.27,28,31; 2.24; Hébreux 13.4.

Chapitre 7: Le corps et l'esprit

104. Rice (C.), « Libérons les générations futures – Comment éviter à nos enfants des problèmes d'alimentation et de poids », *L'actualité* 17 (3), 1993. Cité dans: Gagnon (J.), « Le culte de la minceur – Un phénomène inquiétant pour les générations futures », *Le Clinicien*, avril 2000, p. 55-64.

105. Collectif Action Alternative en Obésité, *Rapport synthèse des années 1 et 2 du projet « Bien dans sa tête, bien dans sa peau »*, avril 1999. Cité dans: Gagnon (J.), *op. cit.*, p. 55-64.

106. Direction de la santé publique: *Derrière le miroir un enjeu de santé publique: Le poids et l'image corporelle chez les jeunes*, Régie régionale de la Santé et des Services sociaux de la Montérégie, août 1999. Cité dans : Gagnon (J.), *op. cit.*, p. 55-64.

107. Lane (M.), "Eating Disorders in Adolescents", *The Canadian Journal of Diagnosis*, June 2000, p. 91-98.

108. Rochon (J.-P.), *Les Accros d'Internet*, Montréal, Libre Expression, 2004, p. 91.

109. Duquet (F.) et coll., *op. cit.*, p. 28.

110. Changeux (J.-P.), Ricœur (P.), *op. cit.*

111. La Bible, 1 Corinthiens 15.42-50.

112. *Le Magazine littéraire*, mars 1973. Cité dans: Guillebaud (J.-C.), *op. cit.*, p. 56.

Section III: En quête de guérison

Chapitre 8: La survie de la famille

113. Guillebaud (J.-C.), *op. cit.*, p. 117.

114. Lacombe (L.-M.), « Judi Richards et Yvon Deschamps – S'aimer malgré les épreuves », *La Semaine*, Vol. 2, n° 26, 5 août 2006.

115. Robert (V.), « Les nouvelles règles de l'amour », *Châtelaine*, février 2001, p. 66-71.

116. Robillard (Dr M.), *op. cit.*

117. Genuis (S. J.), Genuis (S. K.), "The Dilemma of Adolescent Sexuality, Part II-Trends in Behaviour", *Journal SOGC*, November 1993, p. 1064.

118. Vraies femmes du Canada, Brochure *Child Care, Whose Responsability?*, 1994 (traduit par l'auteur).

119. Champagne (M.), « Reconnaissance juridique et sociale de l'homosexualité: des questions », *La Presse*, 17 avril 1998.

120. Reich (W.), *La Révolution sexuelle - Pour une économie caractérielle de l'homme*, France, Christian Bourgois, 1982.

121. *Ibid.*, p. 206.

122. Bibby (W. B.), Posterski (D. C.), *Teen Trends: A Nation in Motion*, Toronto, Stoddart Publishing, 1992.

123. « Enquête sur les 15-18, Sondage L'actualité-CROP-Enjeux », *L'actualité*, 1er juin 2004, p. 28.

Chapitre 9: La guérison de la nation

124. Dans le reste de l'article, l'auteure procède à une comparaison très intéressante entre les différentes époques de l'histoire des Québécois et les stades de la vie d'un individu. Pour l'article intégral: http://www.chastete-quebec.com/journal/05/Difficile.htm

125. Giguère (A.), « Qui sommes-nous? Anatomie d'une société distincte comparant les Québécois et les autres Canadiens », *L'actualité*, janvier 1992.

126. Saulnier (L.-A.), *Les habitudes sexuelles des Québécois, Sondage Léger et Léger*, Montréal, Les éditions 7 jours, 1993, p. 125.

127. http://perso.wanadoo.fr/famille.renard/histoire/catholique/pardon.htm

128. La Bible, Matthieu 6.13 et 18.18. Être délivré des séquelles d'un traumatisme est un aspect de la délivrance du mal ou du Malin. Quant à la notion de lier et de délier dans le ciel et sur la terre, plusieurs théologiens pensent qu'il s'agit d'une prière qui proclame la libération des conséquences des péchés commis contre nous en liant ces péchés et en déliant la personne qui souffre de séquelles. Par

exemple, une personne violentée qui souffre et qui ne peut avoir une vie normale peut être miraculeusement guérie en invoquant Dieu de cette manière. Pour être efficace, une telle prière doit reposer sur la foi en la mort de Jésus-Christ sur la croix, qui a payé pour nous affranchir du péché et du mal. J'ai été témoin de libérations de ce genre.

129. La Bible, Jérémie 31.30; Matthieu 12.36.

130. Dusseault (A.-M.), *op. cit.*, p. 74.

Chapitre 10 : La collaboration des sexes

131. Tournier (P.), *La mission de la femme*, Neufchâtel, Delachaux et Niestle, 1979.

132. Badinter (É.), « La vérité sur les violences conjugales », *L'Express*, 20 juin 2005. Accessible à l'adresse suivante : http://www.lexpress.presse.fr/info/societe/dossier/violenceconju/dossier.asp?ida=433633

133. Laroche, (D.), *La violence conjugale envers les hommes et les femmes au Québec et au Canada, 1999*, Institut de la statistique du Québec, 2003.

     Laroche (D.), *Aspects du contexte et des conséquences de la violence conjugale : violence situationnelle et terrorisme conjugal au Canada en 1999*, Institut de la statistique du Québec, 2004.

     Ces publications peuvent être consultées dans le site Internet de l'ISQ à l'adresse suivante : http://www.stat.gouv.qc.ca/

134. Roiphe (K.), « Qui a peur des hommes? », *Châtelaine*, novembre 1994, p. 53-55.

135. Dallaire (Y.), *Homme et fier de l'être*, Québec, Option Santé, 2001, p. 236.

136. *Ibid.*, p. 237.

137. La Bible, Genèse 3.17 (version *Nouvelle Bible Second*).

138. La Bible, Genèse 3.16 (version *Nouvelle Bible Second*).

139. Deslauriers (A.), « Relations amoureuses : Non à la violence! », *Filles d'aujourd'hui*, juin 96, p. 20-22.

140. Djouder (A.), « Les adolescents agresseurs sexuels », *Psychologies*, janvier 1997, p. 47.

141. La Bible, 2 Corinthiens 5.18-20.

Section IV : En quête d'une vraie révolution

Chapitre 11 : L'exemple des adultes

142. Robillard (Dr M.), *op. cit.*

143. *ACSA*, *op. cit.*

144. Rochon (J.-P.), *op. cit.*, p. 86.

145. Driscoll (P.), "Chastity is not just for teens!", *The Chastity Connection*, Canadian Alliance for Chastity, Fall 1997, Issue no 12, p. 5 (traduction de l'auteur).

Chapitre 12 : L'enseignement de la sexualité

146. Fédération des comités de parents du Québec : http://www.fcpq.qc.ca/fr/services/faq/question112.htm

147. Ministère de l'Éducation du Québec, *Le conseil d'établissement, une bonne façon de s'impliquer dans la vie scolaire*, gouvernement du Québec. Document offert à : http://www.meq.gouv.qc.ca/conseils

148. Duquet (F.), et coll., *op. cit.*, p. 20.

149. *Ibid.*, p. 5.

150. *Ibid.*, p. 18.

151. http://www.meq.gouv.qc.ca/etat-gen/rapfinal/fin.htm

152. Entre autres : « Parent's Corner: Parents Made A Difference! Sex Education Curriculum in Canada Will Promote More Abstinence », *Canadian Press*, 04/05/05.

153. On peut trouver dans Internet une version du programme d'études de Formation personnelle et sociale pour les élèves de la 6ᵉ, 7ᵉ et 8ᵉ année du Nouveau-Brunswick. Ce programme a le mérite d'incorporer l'abstinence aux divers thèmes abordés et aux différents objectifs poursuivis. http://www.gnb.ca/0000/publications/servped/fps68version2005.pdf

154. Bergeron (M.), "Define Sex Education", *The Chastity Connection*, Canadian Alliance for Chastity, Fall 1995, p. 1 (traduction de l'auteur).

Chapitre 13 : Un effort communautaire

155. Bergeron (M.), "What is Their Problem?", *The Chastity Connection*, Canadian Alliance for Chastity, Winter 1995, p. 107-123 (traduction de l'auteur).

156. Bergeron (M.), *A Community Affair*, Mukilteo, WA, WinePress Publishing, 1996, 133 p.

157. Vincent (M. L.), Clearie (A. F.), Schluchter MD, "Reducing Adolescent Pregnancy Through School And Community Based Education", *JAMA*, 1987; 257: 3382-6. L'étude a été réévaluée par Koo et même si ce chercheur a légèrement modifié les données, ses conclusions sont exactement les mêmes que celles des enquêteurs initiaux.

158. Fertility Appreciation for Families, *Program Description: Wonder of Love and Life, Demonstration Project, Summary Report.* Cité dans : Richard (D.), *Has Sex Education Failed Our Teenagers?*, Colorado Springs, Focus on The Family Publishing, 1990, p. 71.

159. Lettre de Anne Nesbit, directrice de LAMO, à Dinah Richard, 17 juillet 1987. Cité dans : Richard (D.), *op. cit.*, p. 72.

160. U.S. House Select Committee on Children, *Youth and Families, Teen Pregnancy : What Can Be Done?* p. 380-387. Cité dans : Richard (D.), *op. cit.*, p. 68.

161. Harris (J.), *A Clear Way to Stop HIV/AIDS*, 1991, p. 3 (traduction de l'auteur).

162. Bardet (J.-P.) et al., *La première fois, ou le roman de la virginité perdue à travers les siècles et les continents*, Paris, Ramsay, 1981, p. 106.

Chapitre 14 : La recherche de la vérité

163. Payne (L.), *op. cit.*, p. 146.

164. Lewis (C.S.), *Dieu au banc des accusés*, Bâle, Éditions Brunnen Verlag, 1982, p. 43-44. Cité dans : Payne (L.), *L'âme, cette oubliée*, Suisse, Éditions Raphaël, 1992, p. 300.

165. La Bible, Hébreux 6.18-19.

166. La Bible, Jean 3.17.

167. La Bible, Jean 17.17.

168. La Bible, 2 Thessaloniciens 2.10.

Conclusion

169. Blackaby (H. T.), King (C. V.), *Votre expérience personnelle avec Dieu – Connaître et faire la volonté de Dieu*, Texas, Centre de publications Baptistes, 1995, p. 226.

170. http://www.museedufjord.com/inondations/saguenay_fr/impacts_chicoutimi.htm

171. La Bible, Matthieu 7.24-25.

Introduction   5

Section I : Un constat alarmant

Chapitre 1 : Une révolution inachevée   15
Un fondement fragile
Des continents menacés
La dérive du sexe
La nouvelle chasteté et ses adeptes

Chapitre 2 : Des familles en souffrance   27
Des foyers qui vont à la dérive
Des couples souffrent
Des enfants subissent
Une redéfinition qui est dangereuse
Le suicide fait des ravages
Le mariage est à la baisse
Le célibat n'est pas la solution
La dénatalité inquiète
Avons-nous créé une culture inféconde ?

Section II : En quête de valeurs

Chapitre 3 : Des valeurs solides   43
Le Québec, une société distincte
Un phénomène générationnel
Les valeurs et l'éducation sexuelle
De nombreux points communs
Et la chasteté dans tout cela ?

Chapitre 4 : Des valeurs pour le couple   53
La fidélité : un élément fondamental
Le respect
Le mariage et l'engagement
La liberté
Le bonheur
La persévérance et l'intimité
La relation sexuelle et le plaisir
Une vraie réforme

Chapitre 5: Le plaisir et la vertu   67
Une paire divisée
Des femmes sans plaisir ni vertu
Du plaisir et de la vertu
Une chasteté régulatrice des plaisirs

Chapitre 6: Le bien et le mal   77
La nécessité d'une conscience morale
La morale d'origine surnaturelle
De la malédiction au salut
Le rejet de Dieu
Les morales naturelles
Les conséquences d'une morale humaniste
L'interdit
La progression du mal
Un fondement à choisir
La chasteté à retrouver

Chapitre 7: Le corps et l'esprit   93
Une autre paire divisée
Le corps humain
L'esprit humain
La mort et l'au-delà
La vision d'un être global
Du discernement à l'action

Section III: En quête de guérison

Chapitre 8: La survie de la famille   103
Persévérer dans l'amour
Chercher la guérison
Aider les couples en difficulté
Prévenir la destruction des couples
Valoriser la parentalité et l'enfant
Légiférer pour favoriser la famille
Promouvoir la famille traditionnelle
Espérer contre toute attente

Chapitre 9: La guérison de la nation   119
Que mon peuple grandisse!
Vers une guérison collective
La chasteté des religieux
La vie sexuelle du peuple
La nécessité d'une réconciliation
L'analyse de conscience
La réconciliation avec Dieu
Voulons-nous grandir?

Chapitre 10: La collaboration des sexes   135
Des femmes dominées
Des hommes confus
Une haine transmissible
Une souffrance culturelle
La compréhension mutuelle
La question du pouvoir
La guérison comme objectif
Une réconciliation essentielle

Section IV: En quête d'une vraie révolution

Chapitre 11: L'exemple des adultes   151
Les adultes peuvent agir
Les parents sont des modèles
Les adultes veulent-ils être des modèles exemplaires?
Ces adultes qui influencent
La transmission des valeurs est un art

Chapitre 12: L'enseignement de la sexualité   159
Adapter le discours au sexe
Présenter les valeurs dans leur contexte
Choisir des valeurs et des méthodes efficaces
S'impliquer à l'école
Agir à la source
Conscientiser les enseignants
Interagir avec l'école

Chapitre 13 : Un effort communautaire 169
Une culture favorable
L'effort communautaire
L'influence de la classe politique
Le consentement des parents
L'influence populaire
Une évolution vers la maturité

Chapitre 14 : La recherche de la vérité 179
La vérité
L'idéal et la réalité
Le mythe
La peur
La place du bonheur
Les croyances populaires
Le mensonge
L'universalisme
La spiritualité
La tyrannie du temps
La destinée des héros

Conclusion 193

Quelles leçons avons-nous tirées ?
Et Dieu ?
Que devons-nous faire maintenant ?
Parlerons-nous de chasteté ?
Bâtirons-nous sur du solide ?

NOTES 201

www.ingramcontent.com/pod-product-compliance
Lightning Source LLC
Chambersburg PA
CBHW071731120626
46550CB00002B/471